"神话学文库"编委会

主　编

叶舒宪

编　委

（以姓氏笔画为序）

马昌仪	王孝廉	王明珂	王宪昭
户晓辉	邓　微	田兆元	冯晓立
吕　微	刘东风	齐　红	纪　盛
苏永前	李永平	李继凯	杨庆存
杨利慧	陈岗龙	陈建宪	顾　锋
徐新建	高有鹏	高莉芬	唐启翠
萧　兵	彭兆荣	朝戈金	谭　佳

"神话学文库"学术支持

上海交通大学文学人类学研究中心

上海市社会科学创新研究基地——上海交通大学神话学研究院

中国社会科学院比较文学研究中心

国家出版基金项目
NATIONAL PUBLICATION FOUNDATION

"十四五"国家重点出版物出版规划项目

神话学文库
叶舒宪 主编

比较神话学
（修订版）

COMPARATIVE MYTHOLOGY

［英］麦克斯·缪勒
（Friedrich Max Müller）◎著

金　泽◎译

纪　盛◎校译

陕西师范大学出版总社　西安

图书代号　　SK25N0843

图书在版编目（CIP）数据

比较神话学 / （英）麦克斯·缪勒著 ；金泽译 ；纪盛
校译. -- 修订版. -- 西安 ： 陕西师范大学出版总社
有限公司，2025.4. --（神话学文库 / 叶舒宪主编）.
ISBN 978-7-5695-4935-5

Ⅰ．B932

中国国家版本馆 CIP 数据核字第 2024LK2346 号

比较神话学（修订版）
BIJIAO SHENHUAXUE

［英］麦克斯·缪勒　著　金　泽　译　纪　盛　校译

出 版 人	刘东风
责任编辑	王娟娟
责任校对	王文翠
出版发行	陕西师范大学出版总社
	（西安市长安南路 199 号　邮编 710062）
网　　址	http ://www.snupg.com
印　　刷	中煤地西安地图制印有限公司
开　　本	720 mm×1020 mm　1/16
印　　张	11.5
插　　页	2
字　　数	136 千
版　　次	2025 年 4 月第 1 版
印　　次	2025 年 4 月第 1 次印刷
书　　号	ISBN 978-7-5695-4935-5
定　　价	60.00 元

读者购书、书店添货或发现印刷装订问题，请与本公司营销部联系、调换。
电话：（029）85307864　85303629　传真：（029）85303879

"神话学文库"总序

叶舒宪

神话是文学和文化的源头，也是人类群体的梦。

神话学是研究神话的新兴边缘学科，近一个世纪以来，获得了长足发展，并与哲学、文学、美学、民俗学、文化人类学、宗教学、心理学、精神分析、文化创意产业等领域形成了密切的互动关系。当代思想家中精研神话学知识的学者，如詹姆斯·乔治·弗雷泽、爱德华·泰勒、西格蒙德·弗洛伊德、卡尔·古斯塔夫·荣格、恩斯特·卡西尔、克劳德·列维－斯特劳斯、罗兰·巴特、约瑟夫·坎贝尔等，都对20世纪以来的世界人文学术产生了巨大影响，其研究著述给现代读者带来了深刻的启迪。

进入21世纪，自然资源逐渐枯竭，环境危机日益加剧，人类生活和思想正面临前所未有的大转型。在全球知识精英寻求转变发展方式的探索中，对文化资本的认识和开发正在形成一种国际新潮流。作为文化资本的神话思维和神话题材，成为当今的学术研究和文化产业共同关注的热点。经过《指环王》《哈利·波特》《达·芬奇密码》《纳尼亚传奇》《阿凡达》等一系列新神话作品的"洗礼"，越来越多的当代作家、编剧和导演意识到神话原型的巨大文化号召力和影响力。我们从学术上给这一方兴未艾的创作潮流起名叫"新神话主义"，将其思想背景概括为全球"文化寻根运动"。目前，"新神话主义"和"文化寻根运动"已经成为当代生活中不可缺少的内容，影响到文学艺术、影视、动漫、网络游戏、主题公园、品牌策划、物语营销等各个方面。现代人终于重新发现：在前现代乃至原始时代所产生的神话，原来就是人类生存不可或缺的文化之根和精神本源，是人之所以为人的独特遗产。

可以预期的是，神话在未来社会中还将发挥日益明显的积极作用。大体上讲，在学术价值之外，神话有两大方面的社会作用：

一是让精神紧张、心灵困顿的现代人重新体验灵性的召唤和幻想飞扬的奇妙乐趣；二是为符号经济时代的到来提供深层的文化资本矿藏。

前一方面的作用，可由约瑟夫·坎贝尔一部书的名字精辟概括——"我们赖以生存的神话"（Myths to live by）；后一方面的作用，可以套用布迪厄的一个书名，称为"文化炼金术"。

在 21 世纪迎接神话复兴大潮，首先需要了解世界范围神话学的发展及优秀成果，参悟神话资源在新的知识经济浪潮中所起到的重要符号催化剂作用。在这方面，现行的教育体制和教学内容并没有提供及时的系统知识。本着建设和发展中国神话学的初衷，以及引进神话学著述，拓展中国神话研究视野和领域，传承学术精品，积累丰富的文化成果之目标，上海交通大学文学人类学研究中心、中国社会科学院比较文学研究中心、中国民间文艺家协会神话学专业委员会（简称"中国神话学会"）、中国比较文学学会，与陕西师范大学出版总社达成合作意向，共同编辑出版"神话学文库"。

本文库内容包括：译介国际著名神话学研究成果（包括修订再版者）；推出中国神话学研究的新成果。尤其注重具有跨学科视角的前沿性神话学探索，希望给过去一个世纪中大体局限在民间文学范畴的中国神话研究带来变革和拓展，鼓励将神话作为思想资源和文化的原型编码，促进研究格局的转变，即从寻找和界定"中国神话"，到重新认识和解读"神话中国"的学术范式转变。同时让文献记载之外的材料，如考古文物的图像叙事和民间活态神话传承等，发挥重要作用。

本文库的编辑出版得到编委会同人的鼎力协助，也得到上述机构的大力支持，谨在此鸣谢。

是为序。

公羊头斯芬克斯之谜

——《比较神话学》中译本修订版序

叶舒宪

公羊头狮身像

2025 年是中国人的蛇年。大年初二随研学团去埃及和阿联酋做十日研学之旅：泛舟尼罗河上，朝圣大金字塔和斯芬克斯像，仰观世界最大的露天博物馆——卢克索卡纳克神庙。虽说笔者是以神话学为专业的研究者，到了这个古老的神话国度里，还是会有一种目不暇接和惊喜连连的感觉。印象较深的一幕是卡纳克神庙前成排的公羊头斯芬克斯列阵。

埃及卢克索卡纳克神庙前的公羊头斯芬克斯列阵，叶舒宪摄于 2025 年 2 月 3 日

西学东渐以来，国人对西方神话怪兽——人面狮身像斯芬克斯已经司空见惯。希腊神话中的斯芬克斯之谜，也通过悲剧《俄狄浦斯王》的普及而闻名天下。可是若不像希腊"历史之父"希罗多德那样亲自到斯芬克斯的故乡埃及来实地补习，那就无缘一见羊头狮身的组合型神幻形象。本序言要揭示混合基因生物公羊头斯芬克斯的谜底，希望以此来纪念现代神话学之父麦克斯·缪勒（Max Müller）在《比较神话学》中提出的神话起源理论"语言疾病说"。

古埃及的宗教和神话体系在公元前 3000 年便已形成，至公元后的罗马统治时期，前后延续有足足三千年之久，建立起了一座庞大而繁复的万神殿。其整个神谱的核心则是太阳崇拜。古王国时期（公元前 2660—前 2190 年）的老牌太阳神为拉（La），中王国（公元前 2066—前 1780 年）和新王国时期（公元前 1549—前 1069 年）又衍生为阿蒙、阿图姆二位大神（主神）。就连大自然中太阳朝出夕落的运行轨迹，也被分化想象成三种化身：日出的太阳神化身为甲壳虫即蜣螂，被尊奉为至高神圣，美称为圣甲虫神，名叫凯普里。圣甲虫可以人身甲虫头的魔幻形象出现，更多的情况下是以写实的甲虫形象单独出现。白昼运行在天上的太阳神是拉，后来又称阿蒙–拉，或称拉–阿图姆。日落的太阳神则化身为公羊，名叫赫努姆。其常见的形象是羊头人身，或羊头狮身。弄清楚太阳神这个核心想象集群的神话底蕴，方能为纷繁多变的古埃及神谱找到入门途径。

下面引用英国神话学家加里·J.肖（Garry J. Shaw）对埃及诸神特色和新王国时期崇拜的主神阿图姆之复杂多变形象的描述：

埃及众神是一个充满活力、五花八门的群体，他们争吵、打架、谋杀、交往，并可能死于年老体衰（当然是在重生之前，这体现了埃及人对周期性时间的喜爱）。他们也可化身为各种样子，同时在

象征太阳神循环运行的古埃及文物，公羊头圣甲虫蓝釉饰件，美国私人藏品
（引自［英］海伦·斯特拉德威克编：《古埃及》，刘雪婷、谭琪、谭晶晶等译，上海科学技术出版社，2008年，第108页）

不同的地点现身，而他们那真实的自我在天空中远远地隐藏着。……因此，由于缺乏恢复自我活力的能力和力量，体衰的太阳神每天晚上都要与奥西里斯①融合在一起，利用奥西里斯神的再生力量，使他自己在新的黎明得以重生。有时候，当一个神呈现为另一个神的特征时，他就变成了另一个神。

阿图姆（意思为"完成者"）是"全部之主"，是同时象征着演化和演化完成的神明。阿图姆通常被描绘成人形，戴着上下埃及的双冠，也被描绘成猫鼬、圣蜣螂、蜥蜴、蛇、抓着弓箭的狒狒或坂努鸟，有时候还被描绘成创世过程中从水中浮现出来的第一块土地。在晚上，他被描绘成公羊头的太阳神。②

既然神话学是对人类各民族信仰虚构叙事的科学研究，那就不仅要说明神话故事的内容是什么，还要解释信仰观念的所以然问题。对于熟悉以古希腊为代表的女性斯芬克斯造型特征的人们来说，卡纳克神庙前公羊头斯芬克斯形象带来的疑问是：狮子为非洲原野上的百兽之王，食肉猛兽中的最大者，用狮身人面像来象征法老统治国家的王权，理所当然，可是羊，一种普普通通的食草动物，何德何能，居然和威猛无比的狮子平起平坐，组合成神圣王权的合体生物符号——狮身羊头像？

同样的发问也适用于刚才提到的新王国时期创世主神阿图姆：他为何被刻画成公羊头的太阳神形象？

---

① 奥西里斯：被兄弟谋杀的法老，化为阴间之神，象征死而复生者。
② ［英］加里·J. 肖：《埃及神话》，袁指挥译，民主与建设出版社，2018年，第6—7、14页。

太阳神阿蒙－拉化身为公羊，羊角上方顶着代表王权的三尖形皇冠。公羊面前呈坐姿的神为公正秩序之神马耶特，他头顶象征正义的白色羽毛，手持象征赐予生命的十字章圣符

（引自 Veronica Ions, *Egyptian Mythology*, London: Hamlyn, 1982, p. 90）

原来，解开神话想象所以然之谜的线索，就潜藏在古埃及语的同音词现象中。古埃及神话的复杂性，有其信仰观念方面的因素，即认为每一个个体生命的存在都包含着三种神秘的生命要素：巴、卡、阿赫。这三个概念都隐喻着生命力、个性人格和灵魂。这样，一位人格神的形象，就有可能分身为三种化身形象。既有太阳神拉的存在，还有作为太阳神灵魂而独立存在的神，那就是以公羊头为代表的。在神和羊之间建立纽带关系的原因是，埃及语中"公羊"一词和"巴"这个词的发音完全相同。英国的埃及学家威尔金森写道：

> 绝大多数的羊神实为公羊神，他们主要与特定的地点联系在一起。其中最著名的是象岛的赫努姆神，但很多不太出名的公羊神也在自己的辖区内享有较高的地位。由于公羊一词的发音是"巴"（ba），与表示灵魂的"巴"同音，很多公羊神都被看作拉或奥西里斯这样的大神的"巴"，进而受到崇拜。①

这就是说，人们在古埃及象形文字中或造型艺术中看到的公羊或公羊头，其实并不是对现实动物羊的写生或素描，在多数场合都是代表大神魂灵的具象显现。如此一种同音词现象，对于所有不熟悉古埃及语文的局外人来说，是根本意识不到，也联想不到的。这恰好吻合麦克斯·缪勒《比较神话学》的基本论点：一个词的本义在历史演变中丢失了，后人误读出另外一种意义并催生故事，这便是神话产生的实际条件。

其实，我们中国的知识人自古就熟悉这种基于谐音现象的虚拟现实编码：主人公腰间的玉挂坠被雕刻为两个柿子的造型，绝非代表该主人喜欢吃柿子，而是暗示"柿柿"的发音，通过谐音来隐喻祝福性的流行语"事事如意"！

---

① ［英］理查德·H.威尔金森：《埃及众神》，颜海英、刘璇译，贵州人民出版社，2022年，第192页。

　　湿气与赐予生命的女神泰芙努特（Tefnut）化身为羊的形象，第十九王朝绘画，现存大
英博物馆

　　　　（引自 Veronica Ions, *Egyptian Mythology*, London: Hamlyn, 1982, p. 47）

如果你在某大户人家堂屋供桌上看到摆放的玉雕摆件——大象背上驮着水瓶，你一点也不要觉得奇怪。这一模式化的玉雕造型，隐喻着对全家人的无限美好祝愿：太平有象。

对照和比较古埃及语文和汉语谐音现象，可以得出神话联想发生的一种原则（当然不宜绝对化为唯一原则），笔者在此郑重建议将缪勒的"语言疾病说"稍加改造，重新表述为"语言文字联想说"。毕竟，用贬义的"疾病"一词来形容由语词引发的联想，容易产生不必要的误解，不如"语言文字联想说"的表述更加明确和直截了当。

此类语言文字催生神话联想的现象，不仅体现在中国和古埃及的象形文字方面，在希腊文、拉丁文等表音文字材料方面也不乏其例。如研究古希腊太阳神阿波罗的学者伦德尔·哈里斯（Rendel Harris）指出：琥珀这种宝物在凯尔特神话中被视为"阿波罗神的眼泪"，又被认为是苹果树分泌出来的。琥珀的主产地在波罗的海，从波罗的海到地中海地区有一条输送琥珀的陆上通道。在这条商路上，有许多以阿波罗命名的城市，如阿波罗尼亚。太阳神阿波罗的名字 Apollo，来自苹果 Apple，其祖型则为琥珀 Anber。自古存在的琥珀之路和神物输送的历史，催生出这位男神的尊名。[1]类似的神话分析的语源学案例还有许多，于此不赘。[2]

比较就是理由

回顾神话学这门边缘性学科的历史，一般有三种回溯方式：第一种，按

---

[1] Rendel Harris, "Apollo at the Back of the North Wind", *The Journal of Hellenic Studies*, Vol. 45, part 2, 1925. 转引自李永斌：《阿波罗崇拜研究》，商务印书馆，2015 年，第 40—43 页。

[2] 国内的神话学研究方面，直接借鉴缪勒的"语言疾病说"来探讨中国神话现象，以吴晓东研究员为代表。可参看吴晓东：《西王母神话与日月神体系》，青海民族出版社，2023 年。

照"言必称希腊"的西学惯例，将学科的起源上溯到古希腊的柏拉图时代；第二种是上溯到18世纪意大利学者维柯，以其1725年问世的代表作《新科学》为标志；第三种是以19世纪中期的德裔英国学者麦克斯·缪勒的代表作《比较神话学》问世为标志。笔者从事比较文学研究四十年，在相关的学术史论述中一般采用第三种说法。理由很简单，无论是古希腊学者的神话研究还是维柯《新科学》的研究，其对象都还局限在古希腊神话和史诗的有限范围内，跨文化的比较视野尚未形成自觉，即学术观念被欧洲中心主义和"言必称希腊"的旧教条束缚。唯有等到达尔文和马克思的时代，才首次出现以"比较"作为第一关键词的学术大转向：将神话学称为比较神话学，将宗教学称为比较宗教学，将语言学称为比较语言学。麦克斯·缪勒的这部《比较神话学》虽然在后世毁誉参半，响应者稀少，但是一个事实无法否认，那便是缪勒的研究同时开创了这三门以"比较"冠名的新学科，其年代要比爱尔兰学者哈钦森·麦考莱·波斯奈特（Hugh Macdonald Posnett）在1886年推出第一部以《比较文学》为题的书，还要早整整三十年，其学术引领者的突出意义由此可见一斑。

笔者开始学术研究的习作之书《英雄与太阳——中国上古史诗的原型重构》（1991年、2006年、2020年），便深受缪勒《比较神话学》的影响。缪勒归纳出的"语言疾病说"即语词误读而催生神话故事的原则，在拙作中转化为"汉字象形字直接产生并标记神话故事"的观点①，并直接应用在后羿射日的神话主人公之名"羿"字的神话学解读实践：世界许多民族的神话叙事都将太阳神视为最伟大的射箭能手，理由是将太阳发出的万道金光想象为他射出的万支金箭！让"羿"字平躺下来，就看得更加清楚了，那是两支

①叶舒宪：《原型与汉字》，见王宁、徐燕红编：《弗莱研究：中国与西方》，中国社会科学出版社，1996年；叶舒宪编选：《神话-原型批评》（增订版），陕西师范大学出版总社有限公司，2011年，第464—472页。

并列在一起的箭。箭要在空中飞行，需要在尾部加装羽毛，起到鸟类飞行时平衡尾翼的作用。羿在华夏神话表层叙事中的身份是人间射日英雄，其隐含的真实身份却是太阳神家族中的一员，是太阳神家族十兄弟中的最小者。羿射九日的故事表面上讲的是为民除害，战胜自然暴力，其实是《山海经》中东海扶桑树上十日竞争上岗景象——九日居下枝，一日居上枝——的暴力夺权版大寓言。而以太阳神之子作为人间英雄或国君的类比现象，同样具有跨文化比较的普遍性。如今再看，世界上不会有比古埃及法老被认同为太阳神阿蒙－拉之子的现象更加突出和持久的神话政治景观了。而古希腊太阳神阿波罗则以随身携带的箭篓子为善射的标记。就连今日西医医院的科室名目中仍然保留着"放射科"这样将光线比喻为射箭的神话类比痕迹，可以视为古老的太阳神话观遗留在语言中的结晶，或称"语言活化石"。

正是不同文化和文明之间的比较，为神话学研究带来前所未有的知识通观大视野。就此而言，缪勒的比较神话学格局，虽然还大体局限在地中海的古希腊神话与南亚的印度梵语神话比较方面，但毕竟以其开创性思路，引发了后起的文化人类学，将比较视野再度拓展到世界五大洲的所有人类族群。我们将这种比较视野的飞跃性拓展，命名为"知识的全球化"，并将英国人类学家詹姆斯·乔治·弗雷泽（James George Frazer）的《金枝》和《〈旧约〉中的民间传说：宗教、律法与神话的比较研究》视为知识全球化进程的首要引领者。读者若能对照阅读《比较神话学》和《〈旧约〉中的民间传说：宗教、律法与神话的比较研究》，对二者在比较格局上的巨大变迁就能有自己的深切体会。其实二者的时间差仅半个世纪而已。从19世纪中期到20世纪初，神话学的飞跃发展恰好伴随着文化人类学的崛起。

在《文学人类学教程》中，笔者从学术史视角出发，将19世纪中期以来西方人文学科中比较方法登场的意义，比喻为学术格局大拓展的三部曲。

第一曲："发现东方"。以1856年发现梵语文学和神话在印欧语系民族的文化寻根中具有祖源意义的《比较神话学》为代表，其被视为西方学术界重新认识欧洲文化源流的一个新起点。将1872年英国人乔治·史密斯（George Smith）发现巴比伦史诗《吉尔伽美什》及其背后的失落文明苏美尔作为"发现东方"的后继成果——近东历史作为人类文明史第一篇章的再认识。

第二曲："发现原始"。以爱德华·伯内特·泰勒（Edward Burnett Tylor）《原始文化：神话、哲学、宗教、语言、艺术和习俗发展之研究》和弗雷泽《金枝》为代表的文化人类学古典进化论学派崛起，首次将比较研究的视野拓展到全球五大洲的所有人群，让以往根本不为人知的边缘地区原住民族的神话，和西方人自古罗马时代就已经最熟悉的圣书《旧约》神话，能够平起平坐，并由此形成一种比较研究的全新大格局。一般读者或许不会留意的一个细节是，西文出版的教科书以"文化人类学"为书名时，偶尔要添加一个标注性的副题"比较文化"。

第三曲："文学人类学"。从民族国家视角的单个国别研究视角到比较研究带来的跨文化视角，经过文化人类学驱动的知识全球化浪潮的洗礼，传统意义上的神话与文学研究，必然指向某种人类神话和人类文学的宏大总体意识。目前西方学界习惯性地援引歌德的老措辞，将这种文学总体认识称为"世界文学"，并通过哈佛大学等美国名校的课堂和英文出版物，再度输入中国的比较文学教学和研究。希望以神话学研究为主战场的本土文学人类学一派，这一次不再唯西方马首是瞻，相对淡化或不加入有关"世界文学"论题的套路讨论，而是另辟蹊径标举"文学人类学"这个新合成术语，接续比较文学界早年就提出过的"总体文学"之远期认识目标。当今学者做出这样的权衡和术语选择，不是要另起炉灶和标新立异，而是针对老名词"世界文学"中潜含的西方中心主义和殖民主义价值观，希望借助"人类学"的提示，将现存世界上作为"沉默的大多数"的两千多个无文字族群的神话文学统统涵盖在内。这当然也包括对中国五十六个民族的神话文学的比较。笔者和王宪昭研究员合编的《中华创世神话精选》（上海人民出版社，2020 年）收录了国内五十个民族的创世神话，其中九成以上都没有进入普通高校中文系教学的内容，因而不为人知。和古希伯来人的《旧约·创世记》神话早已传播至全球各地的现状相比，大量弱势民族或族群的复数的创世记还有着怎样广阔的文化认知与传播的空间？研究者又该如何助推这种文化自觉和文化传播大业，从而将比较研究在两个层面上同时拓展：国际间的比较和国内不同族群文化间比较？

比较神话学的迭代

缪勒《比较神话学》一书由中国社会科学院世界宗教研究所金泽研究员翻译，早在 1989 年由上海文艺出版社出版，其被引用率很高，如今市面上脱销已久。这次再版，特邀上海师范大学纪盛博士对照英文版原书对希腊文做出若干修订。

和缪勒处于同一个时代的马克思，曾将希腊神话的美妙比作人类童年的幻想。缪勒在其比较研究中找到了比希腊更古老的古印度文明的梵语神话，这或许是比人类童年还要年幼一些的神话遗产吧。依照世界文明史的年表顺序，全球范围内排在第一位的书面神话应该是以楔形文字笔录传承下来的苏美尔神话，其次便是以象形文字书写的古埃及神话。这两个古文明的神话遗产都要比《比较神话学》研究的古印度神话早一千多年，应属于"人类童年中的童年"之幻象产物，因而在学理上理所当然地具有非同一般的原型意义。^①更新换代的比较神话学，在知识格局上一定是包含苏美尔、巴比伦、古埃及、亚述、克里特、迈锡尼等地中海早期文明在内的宏大体系，而不再是仅限于一对一的文明比较。^②

目前，麦克斯·缪勒所开创的比较神话学的范式，即在印欧民族文化的共同体内部展开比较研究的神话学格局，一百多年来已经发生了若干次迭代。笔者的译著《结构主义神话学》在 1988 年初版问世时，便收录美国学者司各特·列特尔顿（Scott Littleton）撰写的一篇评论文章，所论对象为印欧比较神话学第二代代表人物，法兰西科学院院士、印欧文化教授乔治·迪缪塞尔（Georges Dumézil，1898—1986；后来的汉译名为杜梅齐尔），目前他的主要代表作还没有中译本^③，但是其学术传记的中译本，因有法国外交部提供赞助，早在二十年前便已面世^④。迪缪塞尔的日本弟子吉田敦彦（1934—　）的日本神话起源研究，可以算作这一派的第三代人物，其《日本神话考古学》已有汉译本^⑤，并收入"神话学文库"。迪缪塞尔受到文化人类学和社会学方面的强烈影响，他的研究聚焦印欧各族的社会结构特征及其在神话世界中的系统体现。他在大量实证研究的基础上提出一套三功能体系的理论：神话叙事围绕三类主人公而展开，分别是掌握宗教通神权力的祭司僧侣阶层，负责社会武力保护的武士阶层，以及承担社会供养职能的生产阶层。如在古印度梵语神话中，至高无上的天神密多罗和伐楼那正是婆罗门

① 相关讨论可参看叶舒宪：《苏美尔神话的原型意义》，载《民间文学论坛》1998 年第 3 期。
② 国际上已经出现朝这个方向拓展的综合研究趋势，重点参看［英］马丁·贝尔纳：《黑色雅典娜——古典文明的亚非之根》（全 3 册），郝田虎、程英、李静滢等译，南京大学出版社，2020 年；［英］朱利安·鲍尔迪：《黑色上帝——犹太教、基督教和伊斯兰教的起源》，谢世坚译，广西师范大学出版社，2004 年。
③ 包括如下三种：《长生宴：印欧比较神话学研究》（*Le festin d'immortalité : étude de mythologie comparée indo - européenne*），1924 年；《印欧诸神》（*Les dieux des indo - européens*），1952 年；《神话与史诗》（*Mythe et épopée*），三卷本，1968—1973 年。
④ ［法］迪迪耶·埃里邦：《神话与史诗——乔治·杜梅齐尔传》，孟华译，北京大学出版社，2005 年。
⑤ ［日］吉田敦彦：《日本神话的考古学》，唐卉、况铭译，陕西师范大学出版总社有限公司，2013 年。

祭司阶层的代表；威力广大的因陀罗大神则是武力英雄的楷模形象；地位更低的群神以双马童这一对孪生神为代表，掌管的职司是农业丰产与社会福利方面。以上三类神祇对应的是四个种姓社会结构中的上面三类主人公。希腊神话中体现三功能体系的绝佳案例是特洛伊王子帕里斯的选择：他要在天后赫拉、女战神雅典娜和爱神阿佛洛狄忒之间选出最美者。由于他放弃了代表第一、第二功能的赫拉和雅典娜，而唯独选中爱神，所以注定了特洛伊城的毁灭。迪缪塞尔的神话三功能理论是基于现实的抽象还是偶然的巧合，目前学界还有争议。这不妨碍其众多弟子们继续运用其理论展开更广大范围的研究实践。

吉田敦彦将导师的印欧神话三功能模型的比较拓展到日本神话起源研究方面，并将活跃在欧亚大陆腹地的游牧民族斯基泰人，作为沟通地中海民族与东亚的日本、韩国民族之间的中介者。他在《日本神话的考古学》中文版序中说："所以，斯基泰人的神话，摄取了大量的以古希腊神话为主的欧洲神话的成分。由此，日本神话实际上是经由朝鲜半岛从斯基泰人那里传承而来。本书旨在说明日本神话中存在着大量的与希腊神话以及欧洲其他神话具有显著类似的因素。"

以上便是麦克斯·缪勒《比较神话学》这部书自 1856 年问世以来的学术传承之梗概。从知识全球化的前瞻性视野看，更加具有文学人类学意义的或人类神话总体研究性质的比较神话学的全景范式，目前还没有出现。现代教育体制中各个学科的壁垒和不同语言文化间的隔膜状态，是限制此类宏大理论模型诞生的不利因素。学者个人很难走出现实的知识条件的限制，去勉为其难地实现对世界各个文明古国的神话遗产和各个无文字族群的口传神话资源的全方位的打通。但是这个目标也不是不切实际的空想，坚持十五年不懈努力的"神话学文库"的出版工作，就是希望在催生足以代表全球比较神

湖南宁乡出土商代青铜器四羊方尊，现藏于中国国家博物馆

三星堆一号坑出土青铜羊头龙柱形器，叶舒宪摄于三星堆博物馆

话学的迭代产品方面提供实实在在的助力。而当下迅速崛起中的人工智能，必将在很大程度上替代单个学者的智力劳动，事半功倍地加速比较神话学知识大模型的到来。

目前，古埃及文明的公羊头斯芬克斯像和各种羊头人身神像均已得到系统的神话学解读，甚至混合基因生物型的公羊头圣甲虫形象，都被复制成世界级的珠宝奢侈品。而1938年我国湖南宁乡出土的国宝级文物商代四羊方尊，还有1986年三星堆一号祭祀坑出土的青铜羊头龙柱形器，至今尚未得到有效解码。

比较神话学的探索，永远在路上。

2025年3月1日于上海

中 译 本 序

刘魁立

麦克斯·缪勒的《比较神话学》是 1856 年首次发表在《牛津论文集》上的。物换星移，时光过去了一个多世纪，今天还有重新翻译出版的必要吗？还有阅读的价值吗？

人文科学似乎有这样一个特点：它以现实作为支点，面向未来，然而它总是要不断地反顾历史，对历史进行科学意义上的批判，并且从中汲取一切可能得到的启示、灵感，乃至力量。

19 世纪中叶以后的几十年间，欧洲学术领域有几个学科互相簇拥着，似乎在比赛中发展前进。语言学、民族学、宗教学、神话学、民俗学、文化人类学都在萌发和苗长，而且彼此关联、互相发明，不像今天这样的界线清晰和分工细密。在回顾那一段学术史时，我们看到，仿佛大多数重要的著作家都是"通才""多面手"，许多重要的著作也都是一身而兼几任的。对于缪勒，似乎也不能单纯用语言学家，或宗教学家，或神话学家等身份来框限他。至于现在翻译的缪勒的《比较神话学》，它既是神话学著作，也是语言学著作，民俗学家、历史学家、人类学家、宗教学家都可以把它视为本专业的著作。

缪勒作为出生、成长、修业于德国，中年后定居牛津的一位学者，虽然从事学术活动主要是在英国，但在他的早期活动中，德国学术空气的影响是十分浓厚的。所以介绍他的时候，还得从德国说起。

19 世纪初，作为对法国革命和启蒙运动的一个反作用，德国浪漫主义诗人们追求宗法制田园生活，"把一切都看成中世纪的"（马克思语），但同时也由他们打开了民间诗歌的宝库。阿尔尼姆和布伦塔诺的德国民间诗歌集《男童的神奇号角》（第 1、2、3 集，1805—1808），葛列斯的《德国古老民间故事书》（1807），特别是格林兄弟的《儿童和家庭故事集》（一译《格林童话集》，1812—1814）等书的出版，极深刻地反映了人们对民间文化的浓烈兴趣。很多人把通过复兴民间诗歌来重建古老的"德意志民族精神"看成时代赋予的天职。

格林兄弟在大量发掘民间文学宝库的同时，著书立说、创立学派，将神话学研究纳入真正的科学研究的轨道。

这期间语言学发展突飞猛进，为神话学研究提供了很大的助力和重要的方法论基础。

语言学家拉斯克（1787—1832）对北欧各语言进行深入的比较，系统地证明了这些语言的地位，确定了它们之间的以及它们与其他相关欧洲语言的相互关系。博普（1791—1867）在这一研究中引进了梵语，确定了印欧语系的地位，对印欧语系各语言的谱系结构进行剖析。雅各布·格林（1785—1863）在其《德语语法》中对十五种日耳曼语言进行比较，探索语言发展的历史道路，为历史比较研究的方法进一步奠定了基础。雅各布·格林对已经确定了亲缘关系的各组语言，做更进一步的历史探索，通过比较这些亲属语言的现代和古代的语音、词汇、语法等规律，试图构拟出相应语族、语系的原始共同语（ursprache）。人们把拉斯克、博普、格林的这种语言学研究称作历史比较语言学，把他们的研究方法称作历史比较研究法。

对两种或多种性质相同、具有内在联系的事物进行系统的比较研究，进一步探求这些事物的历史源流和发展情况，这种研究方法在 19 世纪上半期确是一个重要的发现。

格林不仅在语言学领域构拟原始共同语，而且在民族学、宗教学等领域探寻原始共同族体的共同生活景况、共同文化、共同宗教观念等，同时在民间文学、神话学的领域中挖掘原始共同因素和所谓原始共同神话（urmyth）。他认为，一切民间创作大都来源于神话，对日耳曼民族以及印欧语系民族来说，其创作都肇端于日耳曼共同神话以及雅利安原始共同神话。据此，后世便称格林一派学者为神话学派，称其学说为印欧学说或雅利安学说。

他们的学说形成未久，就在德国和整个欧洲引起巨大反响，出现了一大批追随者。这一批学者有时被称为青年神话学者。他们把格林等人仅仅用粗线条勾勒出来的理论观点，发展成为完整的学说，对格林等人仅仅猜度摸索的问题进行缜密深入的研究和论证。《比较神话学》的作者麦克斯·缪勒，即是这批学者中的一位佼佼者。

麦克斯·缪勒 1823 年生于德国德绍一个浪漫主义诗人、琴师的家庭。1841 年进入莱比锡大学，师从著名语言学家布罗克豪斯，学习梵文、语言学，同时勤奋地攻读哲学，后来在柏林大学学习。他接受过博普的语言学指导和谢林的哲学指导。1846 年他来到英国牛津，担任梵文经典《梨俱吠陀》的翻译工作，并于 1849 年至 1874 年出版了包括注释在内的六大卷。1863 年升任牛津大学教授。一个学者的业绩和成就集中体现在他的著述中，缪勒以其大量而卓越的研究成果受到学术界的广泛尊崇，他在近十所大学和学院担任荣誉教授，是三十个学会组织的荣誉会员、十几个国外学术团体的成员。1900 年逝世于牛津。

缪勒一生涉猎广泛，著述甚丰。属于语言学、文学、史学、神话学、民俗学等方面的著述有《语言学》（2卷，1891）、《德国文学》（1858）、《4—19世纪的德国经典》（1858）、《古代印度文学及年代学》（1882）、《思维科学》（1887）、《希腊神话学》（1858）、《希腊传说》（1887）、《民俗学》（1863）、《论生活方式及习俗》（1865）、《论寓言的变迁》（1870）、《神话学及民间传说论集》（1895）、《神话学论文集》（1897）等。他在宗教学方面建树尤多，而且涉及广泛，从对各种宗教的阐释到探讨宗教的产生、发展及其实质，都有著作问世。自1879年始，组织学者辑译《东方圣书集》（*Sacrad Books of the East*），这为学术界进行宗教学研究提供了极为珍贵的资料。出自他手笔的有《基督及其他长老》（1858）、《吠陀和波斯古经》（1858）、《闪米特一神教》（1860）、《孔子之著作》（1861）、《佛教》（1862）、《宗教学导论》（1873）、《宗教的起源及发展》（1878）、《论语言、神话与宗教》（1881）、《自然宗教》（1889）、《物质宗教》（1891）、《人类宗教》（1892）、《心理宗教》（1893）、《印度寓言和密宗佛教》（1893）、《中国的宗教》（1900）等。从这一远不完全的著作目录可以看出，《比较神话学》属于缪勒的早期著作。

缪勒认为，只有深刻地索解语言发展的历史，才能把人类一切思维现象中难以理解的部分（包括神话）说清楚。他坚信远古的艺术创作仅仅是"古代语言的模糊回音"。

缪勒将语言发展的历史分为四个时期：词的形成期，这一时期构成了人类历史的第一步。接着是方言期，在这一漫长的时期里，几个较大的基本语系逐渐形成。在此之后，在任何民族文学形成之前，即在最后一个时期"民族语言期"之前，经历了一个"神话时代"，或称"神话期"。缪勒用大量篇幅论述的正是这一时期的若干图景。他说：

比较语言学成为我们手中的显微镜，这种显微镜性能卓越，使我们在以前只能看到朦胧乌云的地方，现在却发现了性质截然不同的形式和要则。

由于我们对分解为不同民族（诸如印度、日耳曼、希腊、罗马、温德、条顿、凯尔特）以前的雅利安族无所了解，于是这种通过语言分析、揭开古代各个时期历史面纱的方法，就变得极为有价值。因为这种方法可以证实人类历史上某个时期的历史真实性，而这个时期存在与否又是屡受怀疑的——人们常常称之为"从未存在过的过去"。我们不必指望有哪一个完美无缺的文明史会充分细致地向人们展示《荷马史诗》和《吠陀》语言尚未形成之际的图景。然而我们应当借助虽然微少，但却意义重大的点滴材料，体会到那个人类思维早期阶段的真实存在——我们认为这个时期就是越来越明了的"神话时代"。

缪勒说，他把民族分化之前的这一时期称为创作神话的时代，是因为这种共通的雅利安语的每一个词都在一定意义上是一则神话。这是一个"神话世界观"主宰一切的时代。

在创造神话的那个时代，每个词，无论是名词，还是动词，都有充分的原生功用，每个词都是笨重和复杂的，它们的内涵非常丰富，远远超出它们所应说的东西，所以我们对于神话学语言中的千奇百怪，只能理解为会话的自然成长过程。在我们的谈话里是东方破晓、朝阳升起，而古代的诗人却只能这样想和这样说：太阳爱着黎明，拥抱着黎明。在我们看来是日落，而在古人看来却是太阳老了、衰竭或死了。在我们眼前太阳升起是一种现象，但在他们眼里这却是黑夜生了一个光辉明亮的孩子，而在春天，他们会真的以为太阳（或天）和大地热烈地拥抱在一起，并把巨大的财宝滋润于自然的怀抱之中。

缪勒用大量的历史比较语言学方面的实例来分析神话创作的初始过程，在缪勒以及同他持相同观点的学者看来，各种神话的滋生和后世的难以索解，从一定意义上说，只是由于语言在发展演进的过程中连续不断的链条被历史割断了、淹没了，或者说是由于在后世发生了一些理解的障碍。因此，这一学说便被归纳为"语言疾病说"。

我们通过阅读《比较神话学》的原著可以看到，曾被同时代的某些反对派批评家绝对化和漫画化了的、又被后世某些批评家通过百科全书等二手资料的导引而大加挞伐的这一学说，并非那样荒诞不经和一无是处的伪科学。更何况他本人在他的晚期著作中表现了一个真正的学者尊重科学的精神和胸怀，声明他随时都准备在事实和真理面前修正自己的任何观点。

这部著作的其他中心论点之一在于，缪勒认为神话的核心以及神的原初概念，归根到底总是太阳。这种"太阳中心说"被他的一些追随者恣意发挥，更引起当时以及后世一些评论者的攻击。然而我们也看到其影响至今犹在。应该说，一个真正意义的科学探索的成果，不论有怎样的时代局限，它总是会给后世留下历史的启示和影响的。

的确，这部纸头已经变黄、变脆了的著作，现在读来不能不令人有某种隔世之感，它在哲学基础、方法论，乃至叙述方式等方面，陈旧幼稚的气息明显可见。这是必然的，否则便是奇怪的了。我们吸取教训以免重蹈覆辙是必要的，然而回顾历史不应只是为了消极的否定。我们也应该看到，书中确实有许多文字会使我们轻轻地敲击着自己的额头说，我们现在所想到的，本书作者早在一百多年前就已经写到了。他的勇于播种科学种子、勇于进取、不囿于成见，引进梵语扩大视角，广泛地、得于心而应于手地运用历史比较研究法，不只靠理念运营、逻辑推演来装潢假说，且注重资料研究，注重实证，把语言研究、神话研究同宗教研究、文化研究和历史研究熔为一炉，我想，在这些方面是会使我们获得一定教益的吧。

末了，我应简要介绍一下本书的译者金泽同志。他曾获得宗教学硕士学位。师从任继愈教授和吕大吉研究员两位先生。他的学位论文题目为《麦克斯·缪勒的宗教学理论》，这本《比较神话学》的翻译工作就是为了论文的写作而做的，也是那时就完成了的。如今他在中国社会科学院宗教研究所宗教学原理研究室工作，专业范围和研究视野均扩大了。自然，这本书的意义，与金泽同志当年翻译时的初衷相比较，也更扩大更深远了。

谨为序。

目　　录

导　言

A. 斯麦斯·帕尔默

　　此次再版的这部造诣高深的语言学论著，在它问世之际，就引起广泛的关注，由于它论证严谨，不像大多数文章那样充满陈词滥调，所以当然地被誉为"划时代"的著作。这部首创性的论著，开拓了当时无人问津的领域，在它撒下谷种的土地上，已经出现一大批茁壮的论述神话学和宗教史的著作。这一切都令人振奋。19世纪中叶，麦克斯·缪勒作为一个异乡人来到英国，并在此安家。他才思卓越，又富于教养，在古印度、希腊和罗马方面有着渊博的知识。他本来打算把研究《吠陀》当作毕生的事业，然而，他非但没有抵住转入民俗学和语言学道路的"引诱"，还把这些学科和他附带研究的课题结合起来。对这些题外话或附带问题，他以罕见的才华和创造力精心求索，并以一种优美生动、清晰明快的风格踏上征程。作为一个来自非英语母语国家的人，他的英语也称得上炉火纯青了。

　　比较方法用于语言学研究，已取得了卓越的成果。麦克斯·缪勒进而把它用于神话学、民俗学和宗教学的有关课题。他陆续发表在评论和文学杂志上的即兴写就的一些论文，后来汇总成4卷本的《德国工作坊拾零》。这些凤毛麟角之作，使众多读者在那些新颖而又夺人魂魄的探索领域中茅塞顿开。

这些文章惹人喜爱，因为它们经常向人们传授一些深奥的当时只有屈指可数的学者才拥有的知识。

《比较神话学》于1856年首次发表在《牛津论文集》上，这个文集囊括了大学里的各类论文。在那个年代，它为那些尚未成名的作者，提供了发表其观点和研究成果的平台。大多数文章自然是昙花一现，没有什么重要价值，不能和缪勒的文章相提并论。

众所周知，麦克斯·缪勒是太阳神话理论的无畏拥护者和阐述者，这个理论近些年来变得黯然失色了。人们认为，由于发现者的激情，他把这种观点的作用夸大了，仿佛成了一把可以打开一切迷宫之门的钥匙。正如一位法国评论家挖苦的："我们所知道的一切神，都是太阳。"而缪勒这位导师的观点，被他的一位不大慎重的门徒乔治·W.考克斯爵士引申得过于高远了，因而十分不幸地成为各种冷嘲热讽的笑柄。太阳理论的确由于鼓吹者的草率行事而弄得声名狼藉，因而它很难驱开迷雾，重见光明。当时有一部讽刺作品，它是由考克斯爵士放肆不羁的见解招致的，虽然有些怀疑论的色彩，却不无根据，因而为人们所接受。这部作品发表在都柏林圣三一学院的定期刊物《行酒令》（Kottabos）1870年第5期上，人们认为它出自后来成为博士的R. F. 利特尔戴尔的生花妙笔。我一直认为它值得作为本书附文再版。然而我相信，现在有一种相反的力量出现了，它有利于缪勒的观点。人们后来在巴比伦、埃及、西亚以及美洲对原始宗教起源的调查，进一步证实了太阳神话理论的正确性，证明太阳十分肯定而又确切地作为自然体系的核心，曾是早期宗教思想的核心对象。在此，简要评述某些证据或许不是多余的，它们有助于论证这个理论的结论。

毫无疑问，一个人对于物质世界里象征力量与仁慈最尊贵与最完满的符号认知就是"他的太阳"，太阳是全能的、创造奇迹的，是光明的源泉，它赋予大地的子民生命、健康、温暖与安逸，它是自然万物的君王和主宰。廷德尔说，它是"终极的和唯一的力量源泉，其他所有的能量无不来源于此"。它驾驭大气中所有的蒸汽，把它们引向高空，凝成雨雪；江河奔流入海的机械力、潮汐的涨落、风的威力、树木和植物的生长、动物生命的维持，无不源之于它。它是万物生机的根源，正如其名字"Sun"（生产者）所意味的那样，它使麦浪滚滚、硕果累累，它使原野郁郁葱葱，它使苍天大地绚丽多彩，它把各种食物给予生物世界的每一种生命，维持着四季的更迭，这是自然界衰荣循环的精巧机制，从而使世界成为适宜其居民的家园。当它发出光芒时，便清洁净化了人们，而且通过其作用于感情与理智的种种亲切而又令人愉悦的影响，对人的身体和精神产生几乎同等的刺激。当沐浴在和煦的阳光里，人们感到平静安详、心旷神怡。他们微闭双目，感到自己完全沉浸在伟大的"万有之父"的抚爱之中，并愉快地确信，上述的一切，除了太阳之外，其他任何事物都不能做到。

最辉煌的星体啊！在你创造的神秘被揭示之前，你是唯一的崇拜物！你是全能者的最早使者！迦勒底牧羊人站在高高的山顶上，他们默默祈祷时，内心充满欢乐！你是自然的神明！你是未知者的代表，他选择你做他的影子！你是最重要的星！众星的中心！你使我们的世界地久天长，色彩调和。沐浴在你的光芒里，所有人都感到心平气和！你是季节之父、气候之王！你是生活于其中所有生灵的帝王！（Byron, *Manfred*, Act. iii. sc. 2）

人们越是从科学的启示中了解太阳这个星体，就越会对它的宏大及令人惊异的力量深怀敬畏。创造物的世界里，没有任何东西会像它一样引起我们如此强烈的惊奇和赞叹。最了解其巨大意义的科学家，也首先向这个令人目眩的上帝（the Infinite）象征俯首致意，"在你的面前深深鞠躬，你如神一般，在变化无穷的天空里，你永远如此，毫无变化"①。

人类对他们所知道的、最善良最高尚的东西，必然怀有神圣的敬意，这是因为"凡人只有仰望，才能看到那最神圣的物体"。这个物体就是慷慨大方的、"令人精神振奋的太阳"。可以先验地认为，虔诚的古代人在探寻上帝、力求对之形成一些有价值的概念时，总是抛弃各种偶像，而对这个最充分显示上帝的辉煌代表（一切都表明它是上帝的代表）欢呼致意。非基督教民族中最睿智的种族总是矢志不移地崇拜太阳，如有例外，那倒是怪事。倘若我们像阿瑟·海尔普斯爵士一样遇到秘鲁印加人的情况，也会说"这是不可避免的"。用希伯来诗人的话来说，创造者"在天上建起他的光轮"（Ps. viii.1），假如人类从未感受到这类启示，肯定闭目塞听。这本身就是个明证。

"我们应相信太阳是整个世界的生命和（更坦率地说）灵魂，不仅如此，它还是自然界的主宰，考虑到它的所作所为，毫不亚于某个神，或神圣的力量……无论是看到的还是听到的，它都是最优秀、最非凡的。因而在我看来，荷马（知识界的王子）的见解，不过是对它的赞颂罢了。"［Pliny, *Nat. Historie*, 1634, i. 3 (P. Holland trans.)］

"难道日出不是最先令人惊奇的事吗？难道日出不是全部反映、全部思维、全部哲学的最初起点吗？难道它不是对人最早的启示，成为所有思想、所有宗教的最初起点吗？对我们来说，这种惊奇中的惊奇已经不存在了，现在几乎没有人敢像约翰·赫瑟尔那样，把太阳称作上帝的救济品分发点，不仅是引力中心，而且授权分给我们光和热，同时，还是我们所有幸福美满的直接源泉，是我们生活在地球上的保证。"（*Chips*, iv. 178）

"世上没有一种可感知的物体可以和太阳媲美，有资格做上帝的证明，太阳用可见的光首先照亮了自己，而后照亮了所有天上和地上的物体。"

① 但尼生（Tennyson），《阿克巴的梦》（*Akbar's Dream*），第一歌（Hymn I）。

（*Convito*, p. 115）

神秘的神学家杰克伯·鲍姆在评论"把太阳当作自然生命之核心"时说："上帝专门拣选太阳做其仁慈的使者，它作为神圣爱心的真正形象，统治着整个可见世界，制服了黑暗世界的猖獗。"

"神性、神光，是所有生命的核心，因而在上帝的启示里，太阳是所有生命的核心。"（*Signat*, 4, 17）

"天父上帝从内心产生了爱；太阳便象征着他的心。它是外在的世界，是上帝永恒爱心的图像，它给所有存在物和生物以力量。"（*Signat*, 4, 39）

"这个世界有位特殊的自然神，即太阳。他是从上帝之火，而后又从上帝之光中获得了自己的存在，所以太阳才能够把能量赋予地球上的各种自然力、各种生物及各种产物。"（*Sechs Theos, Punkte*, 4, 13）

正如我们所预料的，诗人是表达所有人类能够想到的最美好思想的先知，他们总是富有同情心地理解人们对日神怀有宗教崇敬的思想态度。比如，索塞说："啊，太阳，我毫不惊奇人们在崇拜中对你鞠躬下跪，倾诉他们爱与畏惧混杂在一起的祈祷；因为你像一位神，在你的路上光芒照耀，充满仁慈，所有的美、生命和欢乐都从上而来。"

与此相似，歌唱季节的诗人则说："啊，太阳！你是环抱世界的灵魂，你最美好地显示了你的创造者！我怎能不为你歌唱！"（Thomson, *Summer*, sub. init.）

神秘的先知也说："望着升起的太阳：那里是神居住的地方，他给我们光芒，使我们温暖，花草、树木、野兽、人类都在早晨得到安慰，在中午获得欢乐。"（W. Blake, *The Sixth Black Day*）而弥尔顿则说："啊，你充满非凡的光辉，从你身上看到了唯一的权能，你像这个新世界的神明。"（*Paradise Lost*, iv. 32-35）

在美国土著部落的万神殿里，太阳占有显著的位置。正像这个天体被达科塔人称作"白天的神秘者"一样，其在神话里则经常是人类之父，是一位保护人类成长、给人类以帮助，并倾听其祈祷的神祇。阿尔贡魁（美国最大的印第安部族）语中的 kesuk（太阳），来自意为"给以生命"的动词；在苏尼人的神话里，用图像描述了"太阳构成了世界的种子材料"。它是神性的象征，"伟大精灵的小屋"，当问到他们是否向它祈祷时，人们回答说："不是向太阳祈祷，而是向住在里面的天父祈祷"[1]。

古代威尔士诗人曾以与此非常相似的方式颂扬太阳，说太阳是"上帝的住所"或"天庭"[2]。

威廉·沃森是一位具有神妙的天才诗人，他可能给出了一个真正原始观点的表达方式，他唱道："啊，明亮的不可抗拒的君王，我们每个人都是大地母亲的孩子，也都是你的孩子。啊，太阳，你是万物之本，你是我们的父亲，我们向你鞠躬，而你的父亲却隐而不见，他比一切都古老而伟大，就像你比我们更古老、更伟大。"（*Hope of the World, and Other Poems,* 1898）

的确，诗人们在讴歌赞美歌神阿波罗的原型时，经常会产生这种激情。

加文·道格拉斯主教在古罗马诗人维吉尔《埃涅阿斯纪》（12 卷）英译本前所加的欢快的序言里，欢迎把太阳作为青春的君王：

欢迎你，

欢迎，光明之主，白昼的明灯，

欢迎，纤柔芳草的哺育者，

欢迎，百花争艳的促成人，

---

① D. G. 布雷顿（D. G. Brinton），《新世界的神话》（*Myths of the New World*），第 3 版，第 163—164 页。还可参见其更恰当的评论，第 165—167 页。

② 杰沃恩·蒂尔（Jeuan Tir Jarll），《诗集》（*Barddas*），卷 1，第 262 页。

欢迎，条条根须和叶脉的养料，

欢迎，种种果木和谷物的欢欣，

欢迎，百鸟安憩枝头的庇护者，

欢迎，时光的主宰和统领，

欢迎，照顾农夫犁耕的恩主，

欢迎，施予枝叶新绿的妙手，

欢迎，点染繁花盛草的绘画大师，

欢迎，萌发万般生物的生命之本，

欢迎你护理世间的飞禽走兽，

欢迎你的灿烂光芒普照万物，

欢迎高悬天际的明镜洞察秋毫，

谆谆训诫一切怠惰之人。

——p. 403, ll . 37–51（ed. 1710）

  有充分的理由相信，那些崇拜天体的古代民族，把天体看作某种神圣或精灵之物的唯一象征，是这个神圣或精灵之物在激励和照耀着他们。举例来说，在巴比伦创世史诗《埃努玛·埃利什》里，讲到创造者玛尔杜克时说："他为大神们安排了位置，众星是他们的容貌，他们安身在他所安排的星座里。"（Tab. v., ll. 1, 2）这也就是说，众星只是"一半"的东西，是众神的副本或代表，而非众神本身。

  与此相似，在最古老的阿卡德语中，太阳被叫作 Kasséba（在闪族语系的巴比伦语中被叫作 tsalam），意为象征、形象或容貌①——毋庸置疑，我们补充说这是"神性的"象征、形象或容貌，它的意思就完全了。在此意义上，

---

① R. 布朗（R. Broun），《原始人的星座》（*Primitive Constellations*），卷1，第345页（参见第351页）。

最有思想的异教徒把自己的贡品奉献给太阳，是极有可能的，甚至希伯来诗人在寻找上帝的崇高形象作为其臣民之光明和生命的源泉时，也愿意说："上帝的荣耀是太阳。"（Ps. lxxxiv. 11）

圣凯利斯特拉塔（生活于300—350年）曾好奇地询问某些异教徒怎样形成对上帝之手的作用的崇拜，人们回答说"太阳是众神之神，因其放射光芒"，而"众星则是众神的形象"。①

在上帝不可见的方面——甚至其永恒的权能和神性——都可通过他创造的事物来理解（Rom. ii. 20），而在他创造的一切事物中，无一能像他的这位使者一样如此伟大和辉煌，所以上帝愿意把他作为自己的代表，使之成为物质世界生命的主宰和源泉。在亚述语中，太阳名为沙玛什（Shamash），意为天神的"服役"或"代理"。

从上述考察的某些方面看，希腊教父们宽容太阳崇拜仪式也是可能的，他们在佯装无知时以神的名义暂时和权宜地允许异教的东西，并往往把它作为由低向高之教育的一部分，把它作为达到较高境界的一块阶石。由此我们可以理解殉道者查士丁所说："正如人们所写的，上帝早就使太阳成为一个崇拜对象了。"（Deut. iv. 19; *Dialogue with Trypho*, ch. cxxi）同样，亚历山大的克雷芒说："上帝使太阳、月亮和众星享受崇拜，（律法说）上帝创造这些崇拜是为那些不会完全变成天神的，因而要彻底毁灭的民族设立的。"（*Stromateis*, bk. vi. ch. 14）然而，"之所以赋予这些民族这样一条道路，原是为了使之通过对天体的崇拜，达到对诸天体创造者的崇拜，可是有些人不肯转变。只有那些不再坚持这些物体支配自己的人们，才抛弃了树枝和石头"（*Ibid.*）。以色列人被告诫说，不要退化到崇拜太阳、月亮和众星的异教徒

---

① F. 高尼比尔（F. Conybeare），《早期基督教的纪念物》（*Monuments of Early Christianity*），第328页。

水平，因为唯一的天主"耶和华一直支配着普天下一切民族"①。

甚至在德尔图良时代（正像他告诉我们的），据说某些基督徒面对升起的太阳开口祈祷（*Apologia adversus Gentes*, xvi）。更晚近的是在 5 世纪，教宗伟人利奥还抱怨某些基督徒在走进圣彼得大教堂之前，习惯于先转身向初升的太阳鞠一躬（*Sermo* viii, in *Natal. Dom.*），这种风俗宽容地残存于大多数教会中。② M. 埃利塞·雷克鲁斯说，法国农民常常脱去帽子，手指太阳，用庄重的口气说："这就是我的上帝。"③ 这种"神圣的天真"使我们想起圣方济各的《太阳颂》，歌中唱道："用一切创造物赞美我主上帝的荣耀，特别是用我们的兄弟、太阳来赞美，太阳给我们带来白天和光明；他是公正的，放射出非常美丽的光彩；主啊，他向我们展示了你。"斐洛把天体看作"可见的和可感知的神祇"，由于太阳是一切光明的中心，所以他在太阳中看到了上帝的样板（*De Somn.* i. 13）；阿摩尼奥斯说："某些人崇敬真正上帝的象征——太阳，崇拜那象征之中的给予生命的主，这个象征尽可能以可感知的形体表现那不可见的本质，它以神妙的光彩，把存在于上帝面前的仁慈和荣耀传遍整个宇宙。"④

伏尔泰在看到山顶升起的太阳时，被这一奇观的壮丽压倒，情不自禁地跪下祈祷，并高呼："上帝啊，我向你欢呼，我为你歌唱！"特纳被鲁斯金称作"古老类型的太阳崇拜者"，在他死前不久，落日余晖照在他的脸上，他高声呼喊"太阳就是上帝！"米拉波在弥留之际，望着春天初升的太阳说："假若这不是上帝，也至少是他兄弟！"上述这一切若全是真实的，那就毫无必要对处于自然状态下的人们感到惊奇了：他们对那个光辉灿烂的星体产

---

① 参见弗雷德·德里兹齐（Fried Delitzsch），《巴别塔和圣经》（*Babel and Bible*），约翰斯编辑，第 270 页。

② 参见 E. B. 泰勒（E. B. Tylor），《原始文化》（*Primitive Culture*），第 3 版，卷 2，第 201—296 页。

③《山民的历史》（*Histoire d'une Montagne*），第 247 页。

④ 参见 J. 奥阿克斯密斯（J. Oakesmith），《普鲁塔克的宗教》（*Religion of Plutarch*），第 73 页。

生强烈的兴趣，把它看作神圣生命和光明的源泉而向之欢呼。当约伯自觉自愿放弃太阳崇拜的观念时，他还是感到了太阳的魅力，"如果我看到光芒四射的太阳……我的心就被神秘地引诱，即用我的嘴亲吻自己的手"（*Adoration*, xxxi, 26, 27）。的确，几乎在阳光能够照耀到的每一片土地上，太阳都能找到自己的信徒。阿卡德人、巴比伦人、阿拉伯人、叙利亚人、迦南人、埃及人、波斯人、鞑靼人、蒙古人、拉普兰人、芬兰人、撒摩耶特人、斯堪的纳维亚人、阿兹特克人、墨西哥人、印度人、北美印第安人，事实上就总体而论，从中国到秘鲁的整个人类，都把他们的真挚热情崇敬地献给宇宙中这个宏大的物体，把它作为不可见的伟大精灵的最适宜的代表。由此我们还可以看到埃及的法老、中国的皇帝、印度的王公和秘鲁的印加王，以及其他强大的帝王，都喜欢认为自己的宗主权力来自至高无上的太阳的授命，他们是代表太阳在地上行使权力的。这些君王把王冠戴在头上作为权力的象征，而这王冠只不过是原来代表太阳光彩四射之冠状头饰残迹而已；至上权威之光（varenô）曾被置于波斯王的头上，它也来自同样的源泉。下面引证的例子可以说明这种感情如何激励着他的崇拜者。一首献给沙玛什（巴比伦及亚述神话中的太阳神）的阿卡德诗歌，这样说："君王，你使黑暗变得光明，你使憔悴的脸上出现欢乐；仁慈的神，你战胜堕落，你扶助温良……啊，人们看到中午的太阳光芒，便俯身致敬。"（参见 Sayce, *Hibbert lectures*, p. 171）

在五首迦勒底诗歌里，把太阳说成是神，弗朗斯瓦·勒诺尔芒将其翻译如下："那个在各民族思想中建立真理的，就是你。你知道真理；你也知道什么是错误的。"（*Records of the Past*, xi. 124）"消灭谎言和虚假的是你，驱散邪恶影响的也是你。"（*Ibid.*, p. 127）

古代埃及人给太阳冠以一个头衔"neb maat"，意为法定君主和宇宙之正确无误的秩序君王。下面这首诗是献给阿吞或太阳之圆盘的，由 F. 格里弗

加布里埃尔·格鲁佩罗（Gabriel Grupello，1644—1730）雕塑作品《纳西索斯》（Narcissus，希腊神话中爱上自己影子的美少年），叶舒宪 2014 年摄于比利时皇家美术馆

斯先生翻译："万物皆由你创造，你凭意志创造了大地；原先只有你，而后有了人、飞禽和走兽，每个在地面生活的都要靠脚行走，每个在空中生活的都要靠翅膀飞行，从叙利亚到库施的山山岭岭，以及埃及的大平原，你使万物各居其位，你使万物萌生，你使万物各有依附，你使万物各有时光的短长。"（Petrie, *History of Egypt*, ii. 215 seq.）

古代波斯人称 Mîhr（友好的太阳）为可爱的和仁慈的，因为他珍爱和滋养整个世界，好像在用他的爱拥抱着世界。后来这种观念在密特拉教中进一步扩展，只须提及一下便可。海德曾写了一部《古波斯宗教史》，他指出虽然异教徒在初升的太阳面前也匍匐在地，但却不是偶像的崇拜者。"他们只是把它当作上帝创造的最完美的创造物而崇敬它。他们说上帝的宝座就在它里面，它灿烂辉煌的威严应受到最低程度的尊敬。所以，他们要对旭日表达敬意，甚至用右手在胸前画十字的美国基督徒也这样做。"（第106页）现代帕西人也抱有与此相似的观念，认为上帝在燃烧中最鲜明，而且还会在火中告诉人们，他现在做的和古代对摩西所做的一样。[1]

C. L. 布雷斯先生在其著作《未知的上帝》里，引用了《阿维斯陀经注》中的一段赞颂："他把献祭送给永恒的、光芒四射的、快如骏马的太阳，用以抵御黑暗……把它献给无所不知的君王"（第195页）。

布朗宁揭示了太阳崇拜的内在意义："太阳高高升起，（弗里施塔说）由于上帝的缘故，人们敬重遥远的太阳，赞叹地认为他是象征而不是被象征的，我和你认真地开口交谈。如前所述，我们敬重的他，是谁？他是一切光和生命的主宰：这样一位主宰必定在某处。这就是他；他喜欢什么？如果我坚信自己的肉眼，由精灵之火构成的球，从他那里产生了源泉；——我张开双臂能够环抱什么？我在世界上的一切欢乐。结论鼓舞着我们，要问这是

---

[1] 参见德拉帕（Draper），《欧洲理性的发展》（*Intellectual Development of Europe*），卷1，第97页。

什么和为什么？那就是爱和赞美。"（Browning, "Ferishtah's Fancies", *Works*, 1900, Vol. ii. p. 663）

当一个耶稣会教士向摩洛哥人传教时，他们回答说："在此之前我们从不知道任何已知的东西会比太阳更伟大。"北美的肖尼人也运用同样的逻辑，即太阳使万物有生气，所以它必定是生命的使者，或伟大精灵的使者。谢福的格言里有些值得考虑的真理成分，他说"异教的每个神都只是太阳，并根据其作用的不同方式而定"（*Ccelum Poeticum*, 1646, p. 33）。在麦克斯·缪勒论"太阳神话"的那一章（*Chips*, iv. 287-327），他证实说："十分肯定，由于万物都依赖于太阳，所以在古代人，甚至在现代人的思想里，它都成为最显要的、半自然半超自然的物体，太阳神话在语言、传说，以及整个人类的宗教中都是最重要的组成部分。"他还说泰勒先生也认为，"凡是太阳照耀的地方，都有太阳神话"（*Ibid.*, p. 198）。这可参见泰勒的《原始文化》卷1第209页和卷2第285—296页。埃及宗教中的许多神，看来只是太阳神拉的不同方面而已，许多崇拜太阳的未开化民族也承认，背后有一位赐予太阳光亮的更高的神。

当阿克巴皇帝（比较宗教的最早研究者之一）向贵族询问其信条时，他们告诉他说，太阳是万光中最明亮的光，是万物的根本源泉，甚至也是王权的源泉，所以唯一正确的做法是人们应当崇拜和尊敬太阳。就是人类的生命也有赖于太阳。[①] 西方世界则宣告太阳是罗马帝国的尊号和代表——"Sol Dominus Imperii Romani"（罗马帝国的主宰太阳）[②]——帝国的货币和旗帜全都表明对征服一切的天体"Soli Invicto"（不可战胜的太阳）的热爱和忠诚。

同样著名的是，尤里安皇帝以狂烈的热情复活偶像崇拜，推崇"太阳王"，

[①] 参见麦克斯·缪勒（M. Müller），《宗教学》（*Science of Religion*），第95、96页。

[②] 参见霍查特（Hochart），《罗马帝国的太阳宗教》（*La Religion Solaire dans l'Empire Romain*）；塞恩泰威斯（Saintyves），《诸神的神圣后继者》（*Les Saints Successeurs des Dieux*），第356页。

把它说成是"万神之首"和"宇宙之王"。[①]

值得注意的是，太阳的大多数崇拜者，都把他人格化为一位正义法官，他证明人的言行，审查人的内心思想。作为法律和秩序的源泉，他授权巴比伦国王汉谟拉比（前2000）以法典来统治人们的言行。

"古代诗人阿密斯不仅相信太阳有眼睛，可以观察世界，而且相信它有耳朵，他好像在太阳里面找到了可以明了我们思想的上帝的代表。"（J. B. Morris, *Nature: A Parable*, bk, ii. ll. 429–433）

阿帕奇族印第安人指着太阳对白人说："难道你不相信这位神灵在观察我们的言行，并惩罚恶行吗？"（弗罗贝尔）一位休伦妇女在听了基督教牧师对上帝尽善尽美的颂扬之后说："我们一直是用你所归之于上帝的那些品质，描述我们的阿雷斯基神（太阳和伟大的精灵）的。"（Lafitau, *Mœurs des Sauvages Ameriquains*, i. 127; O. Peschel, *The Races of Man*, p. 254[②]）

达科塔印第安人向太阳祈祷，认为它里面住着神或伟大的精灵，他们对他说："神圣的精灵，父亲！一直恩赐于我。"（M. C. Judd, *Wigwam Stories of North American Indians*, p. 94）

"印第安人通过埋入地下的种子长成植物的情形，看到太阳在大地创造生命的力量，因而他们把太阳看作活的精灵。"（*Ibid.*, p. 219）

对土著来说，太阳作为一个真实的、有生命的人格，和赫利俄斯对于荷马时代的希腊人是一样的。我们知道，后来的希腊人摒弃了某些哲学家亵渎神明的唯物主义，这些哲学家否定了在他们看来只是物质的红色火球的神性和人格，希腊人和罗马人一样，在发生触犯神圣法律的恶行时，都会召唤太阳来做证。在生命的最后一刻，希望并请人使自己面向阳光，以此作为自己

---

① H. 雷恩达勒（H. Rendall），《皇帝尤里安》（*The Emperor Julian*），第78、79页。
② 参见 E. B. 泰勒（E. B. Tylor），《原始文化》（*Primitive Culture*），第3版，卷1，第290页。

的宗教义务；[①] 这恰如基督教诗人的晚祷歌"我灵魂的太阳"（等于亚述语 Shamash-napishtim）是受到落日景象的激励。

缪勒在其《宗教的起源和发展》里把太阳当作超自然的力量，他注意到吠陀诗人把太阳苏利耶看作众神的神圣首领，看作世界的统治者、建立者和创造者；看作所有生命的保护人；看作无所不知、无所不晓（乃至知晓人的思想）的神——事实上，是看作一个神圣的或至高无上的存在。人们祈求他，是为了从罪恶中解脱出来。成千上万的印度祈祷者这样说道："让我们沉思尊敬的、光彩夺目的萨维特里（Savitri，"给以生命的"太阳）；他使我们产生思想。"（第 264—270 页）

在古代埃及，拉及其崇拜者的对应关系，可追溯到将太阳拟人化为与自己相似的事物，这种自然的结果。[②] 双方在生、死及复活方面的经历，都被看作完全一致。

"一旦埃及人开始思索，他立刻就觉察到太阳的经历和人的经历有极其明显的相似之处。人也有自己的黎明和夕落。人从最早的幼年微光开始，逐渐长大，达到力量和智慧的顶点；随后走上下坡路，如同壮观的落日，死后则深埋于大地之中，结束了自己的一生。在埃及，太阳每晚都落到利比亚山脉后面，在那里，他穿过西方乐土女神的地下王国，走过在第二天拂晓前必须走完的路程。所以埃及人的坟墓也置于尼罗河的左岸，即这个国家的西部。所有已知的金字塔也都建在西部，在那里我们可以找到所有重要的'死者之城'，有孟斐斯人的公共墓地，还有阿比多斯人和底比斯人的公共墓地。'到西方，到西方！'参加送葬的人们哭喊着。每天早上人们都看到太阳升

---

① 欧里庇得斯（Euripides），《阿尔克提斯》（Alcestics），第 207—208 行；《赫卡柏》（Hecuba），第 435 行。

② 可进一步参考布德日（Budge），《埃及宗教》（Egyptian Religion），第 121 页；麦克斯·缪勒（M. Müller），《神话学论文集》（Contributions to Sience Mythology），第 172 页；拉贡英（Ragozin），《迦勒底》（Chaldœa），第 338 页。

起来，像以往的清晨一样年轻和炽热。那么，人为何不能在完成阳间的旅程，战胜西方乐土女神的恐怖之后，摆脱坟墓的黑暗而重见光明呢？这一不朽的期望在每一个黎明都被一个焕然一新的迹象唤醒，于是埃及人形成一种类推，并以此设置自己的坟墓。它们位于国家的西部，接近日落的地方，但坟墓的门却朝向东方，就是一块独立的石碑，也无一不是面东而立。……因此，在死者居住的阴暗深渊里，死者得以将眼睛朝向天空的确定方位，在此方位上，生命之火每日重新点燃，由此可以等待光明驱散黑暗，把他们从长眠中唤醒。"[1]

有理由相信，人类关于复活、来世生活、不朽的最初希望等都是通过太阳起落的戏剧性事件的不同说法表达出来的，这或许还可以从"East"（东方）和"Easter"（复活节）这两个词，及其具体化之概念间的、内在而非表面的联系得到说明。

上述提及的考察表明，"金太阳在光彩中如同（所有自然物的）君王"，它使自己无论何时何地都要独享人类的崇拜和宗教虔敬。既然如此，没有一个创造物可以完全和太阳相比，这个光辉灿烂的球体成为上帝令人满意的象征。在它美丽、仁慈及卓绝无比的力量中，我们"先验地"期望，也极其可能的事实只能是：太阳在眼睛可以看到、思维可以理解、内心可以感受其巨大影响的所有民族的神话里，以这种形式或那种形式，扮演着引人注目的角色。然而，坚持和拥护神话中太阳因素具有普遍意义的学者们，由于"身负重担"（必须反驳某些学者力图缩小和否定太阳神话），却反而把这种立论有可能成为真理的优越性放到一边了。

---

① 贝罗特-齐比兹（Perrot-Chipiez），《古埃及艺术》（*Art in Ancient Egypt*），卷1，第156—157页。

比较神话学

斐德若：你看见那棵高大的梧桐树了吗？

苏格拉底：我看见了。

斐德若：那里有阴凉，又有草地可坐，如果我们高兴，还可以躺下。

苏格拉底：那我们就朝那里走吧。

斐德若：请问你，苏格拉底，传说玻瑞阿斯掠走俄瑞提亚，不就是在伊利索斯河这一带吗？

苏格拉底：依传说是如此。

斐德若：不就是在此地吗？这条河在这里多美多明亮啊！我想女郎们爱在这样的河岸上游玩。

苏格拉底：并非此地。还要再走半里多路，在我们穿过猎神庙的地方，那里还有一座玻瑞阿斯的祭坛。

斐德若：我从来没有注意到它。老实告诉我，苏格拉底，你相信这个神话吗？

苏格拉底：如果我不相信它，倒不荒唐，学者们都不相信这一套话。我可以用学者们的口吻，对它加以理性地解释，说她和法乌西亚游玩时，让一阵北风吹过附近的山崖，跌死之后，传说就说她被风神玻瑞阿斯抢掠去了，或是从此地抢掠去的，或是像另一个传说所讲的在战神山。但这是学者们的态度。至于我，虽然承认这种解释很有趣，可是并不羡慕做这种解释的人，花很多的精神去穿凿附会。要解释的神话多着哩。一旦开了头，就会无尽无休，这个解释完了，那个又跟着来了，鸟身人面兽要解释，喷火兽也要解释，我们就会陷于一大群蛇发女、飞鸟，以及其他奇形怪状之物的包围之中。如果你全然不信，要把它们逐一检验，看它们是否近情近理，这种庸俗的机警，不知会断送多少时间和精力。我却没有工夫做这种研究，我的理由也可以告诉你，亲爱的朋友。我到现在还不能做到德尔斐神谕所指示的：认识我自己，一个人没有自知之明，却忙着研究一些和他不相干的东西，这在我看来是很可笑的。因而我把神话这类问题束之高阁，一般人怎样看它们，我也就怎样看它们；我所专心致志的不是研究神话，而是研究我自己，像我刚才说的；我要看一看自己是否真是比提丰还要凶猛复杂的一个怪物，还是一种较单纯较和善的神明之胄。呃，朋友，这不就是你要带我来的那棵梧桐树吗？

斐德若：就是它。

柏拉图《斐德若》开篇的这段话，人们经常引用，以此说明古希腊的智者对当时理性主义者的看法。如同所有时代和所有国家的情形一样，那时在雅典也有一些人，他们没有奇迹或超自然的观念，但由于缺乏道德勇气，不能彻底否认自己难以相信的东西，所以他们力图提出一些似乎合理的解释，将那些神圣化的传说——口碑将它们代代相传，宗教仪典把它们神圣化，律法的权威又极力维护它们——同理性的支配和自然的法则变得协调一致起来。虽然苏格拉底被指责信奉异端邪说，可是他并没有执着于那些深思熟虑的远见卓识。苏格拉底认为，他们的解释，较之希腊神话所曾有的最不可思议的荒谬，还要令人难以置信。不仅如此，在苏格拉底生活的那个特定时期，还认为这些尝试都是不敬神的。这种立场，不论在上述引文里，还是在柏拉图和色诺芬所记述的其他片段里，都是一目了然的。

　　然而，如果格罗特先生在其经典著作《希腊史》里，利用这段话或其他意义相近的片段，提出苏格拉底可被称作我们当代的一位杰出的历史学家和批评家——假如格罗特先生力图使苏格拉底证明：在古希腊的神话里，"探寻事实的虚假基础是徒劳无益的"，那么他就是在强加于人，让古代哲学家讲出言中所没有的意思。在研究古希腊或任何其他古代民族的神话①时，由于我们的研究对象和苏格拉底的研究对象迥然不同，所以苏格拉底极力批驳那些理性思考问题的同代人的意见，很难说这也适用于我们。不仅如此，我还确信对神话的研究可以构成某一问题的组成部分，而解答这一问题，恰恰是苏格拉底认为值得做的哲学研究的唯一课题。促使我们今天提出希腊神话起源问题的原因何在？人们为什么要研究古代的历史，掌握死语言的知识，辨认字迹模糊的碑文铭刻？是什么东西激励着人们不仅对希腊和罗马的文学兴致勃勃，而且对古印度、波斯、埃及以及巴比伦的文学也爱不释手？那些幼稚的、时常令人生厌的原始部落的传说，为什么会引人关注，并且发人深省？人们不是一直在说，《泰晤士报》较之修昔底德，有着更多的智慧吗？沃尔特·司各特的小说，难道不是比阿波罗的神话更有趣吗？或者说，培根的著作，不比《往世书》的宇宙起源论更启迪心灵吗？此外，是什么东西使

---

　　① 在麦克斯·缪勒 1856 年写作此书时，将 "myth"（神话）一词都写成 "mythe"，运用得还不甚完善。meith 的读音和 blithe 同韵，现在依然会偶尔听到。——编者（"导言"作者 A. 斯麦斯·帕尔默。以下不再一一标注）

俯瞰雅典卫城神庙下方的狄奥尼索斯剧场，叶舒宪摄于 2003 年

古代研究充满生机？又是什么因素驱使人们，在如此繁忙的时代里，把自己的闲暇安逸奉献给这些显得迷惑难解而又无益无用、更没有什么说服力的研究，以便遵从德尔斐的箴言——弄清楚"人是什么？"（What man is？）而我们还应了解的是："古往今来的人是什么呢？"（What man has been？）这是与苏格拉底的思想截然不同的一种观点，同样，它也和任何归纳哲学的基本原理互不相干。正因如此，像哥伦布、达·芬奇、哥白尼、开普勒、培根以及伽利略这些人，使近代欧洲的理智生活重新振兴，并得到蓬勃发展。不过，如果赞同苏格拉底主张的哲学主要课题在于认识人本身，那我们就几乎不能认为，苏格拉底本人获得这一知识的手段适合于如此崇高的目标。在苏格拉底看来，人是个杰出的个体，即独往独来的人类灵魂，它虽然和自身存在没有什么关系，却显示了一种力量，即苏格拉底所说的理型，这种理型的力量，在人类灵魂的无穷变化里不断实现，并贯穿始终。通过沉思自己的思想、观察灵魂的神秘活动，分析知识的起源和尽力明确它们的适当界限，苏格拉底一直寻求揭示人类本质的秘密；然而这样一来，苏格拉底哲学的最终结果，是除了一件事情之外，对其他一概毫无所知，而他所知道的，只是他自己什么也不知道。在我们看来，人不再是这种单一的、自我完善和自我满足的人；我们认为，人是亲属中的一个兄弟，是阶级中的一员，是种属的一分子。所以，只有联系其他的人，才可理解一个人。世界在古代人眼里十分难以理解，是因为人们把地球看作独一无二，在整个宇宙中无与伦比；但是地球一旦作为天体之一出现在人们眼前，它就被赋予一种新的、真正的意义：一切都受到同一法则的支配，一切都围绕着同一中心旋转。人的灵魂也与此相同，早在人们学会认识到和感受到自己是某个大家族的成员，从而形成不同的想法之前，灵魂的性质就已如此这般了——它们都是无数漫游之星的一分子，它们都受同一法则的制约，也都围绕同一中心旋转，它们的一切见解都源于同一源泉。世界的历史，或人们常说的普遍历史，始终揭示着思维的新途径，它一直用一个词丰富着我们的语言，苏格拉底、柏拉图以及亚里士多德却从来没有说过这个词——这就是"人类"（mankind）。在希腊人看到野蛮人的地方，我们看到了自己的兄弟；希腊人眼中的英雄和半神，在我们看来却是父母和祖先；在希腊人看到的民族（ἔθνη）里，我们看到的是辛勤劳作而又受苦受难的人类，他们被海洋分隔，又因语言不同而相互有别，同时为民族间的敌意所驱使——然而他们又都受到一种神圣力量的支配，永远地朝着实现那个不可思议的目标前进。世界是被创造的，具有神的形象的人生活在世界上。所以，写在灰蒙蒙的陈朽的纸张上的历史，在我们看来，如同自然画卷一样，也是一部神圣的书。在自然和历史这两个方面，我们都在了解或力图了解"神圣智慧"的法则与思维的映像。既然我们不再承认自然界里有什么魔鬼的活动，也没有什么邪恶法则的迹象，因而，我们也否认历史中有什么自动聚结的偶然性，否认有什么潜移默化的命运在专制地主宰着世界。我们相信历史和自然中没有什么不合理的东西，也相信人类思维生来要认识和崇敬"神圣力量"在历史和自然中的种种现象。因此，即使是最古老、最破碎的传说记述，我们也视若珍宝，甚至可以说，较之当今无比丰富的文献还要珍贵。这些距今久远的年代和人们的历史，与我们现代人的情趣显然有着天壤之别，然而一旦我们认识到它会告诉我们自己的种族、家族以及历史，它便有了一种新的魅力。有时候，我们打开多年没有打开的写字台，翻阅一些许久未读的信，在我们刚刚开始读它们的时候，会伴随着一种陌生之感，虽然我们知道这是自己写的，信中的那些名字曾经铭刻在心，但我们却难以相信：那是"我们"的手笔，"我们"曾感受那些痛苦磨难，"我们"也曾享受那些快乐。直到最后，我们用过去（past）引出最近（near），又使最近成为过去的时候，心里才萌生出一股热流，我们才重新意识到我们经历了过去，才确信这些信的确是"我们"的信。当我们回顾古代历史的时候，心境与此完全一样：最初，历史似乎是某种奇怪的、与己无关的东西；但是我们越是深切地了解历史，我们的思想越是为之吸引，我们的感情就越是强烈；而这些古代人的历史，可以说，就变成我们自己的历史——先人的苦难就是我们的苦难，先人的欢乐就是我们的欢乐。没有这种共鸣交感，历史就成为一堆故纸，或许已被烧毁或遗忘了；然而历史一旦由于这种同情心而再生，它就不仅能唤起文物工作者或古董商的兴趣，而且会感染每个人的心灵。我们发现自己处在这样一个舞台上，在我们之前，这里已演过许多幕了，而我们则是出乎意料地被唤来、演出自己的角色。要认识自己所不得不扮演的角色，就应当先了解我们所接替的角色。我们自然要追溯已经落幕的各个场面，因为我们相信，在人类的整个戏剧里应当有一个贯穿始终的思想。而在这里，历史老人走上前来，给我们一条线索，把过去和现在联结起来。的确，有许多场景是真实存在过的，但却再也无法将它们复原了；人类童年那些最有趣的和开放的场面，我们所知甚少，只不过凤毛麟角而已。正因如此，一个古董商成为文物工作者，如果他想描绘远古时代的遗物，那他就得满怀传记家的热望，对它锲而不舍；而这样的传记家则善于出人意料地发现他的英雄尚在孩提时代——完全是英雄在饱经沧桑、两鬓霜秋之前——就已写下的只言片语。无论在什么语言当中，都会有这类记述，每一行每个字都是受人欢迎的，因为它们铭记着早期人类的特征。在博物馆里，收集了我们的英雄童年时代粗糙的玩具，而我们则千方百计地想从它们的庞大形象里，推测其所反映的人类思维意识。有许多事情我们至今难以理解，而且古代的象形文字也只记载了思维中无意识意向的一半内容。然而，当人的形象（凡是可以看到人的地方）越来越多地在我们眼前出现的时候，完美崇高的境界便从这个起点出现了：我们甚至学会理解人的错误——甚至开始解释人的梦境。就我们所能追溯的人类足迹的范围而言，甚至在最低的历史阶段，我们也看到健全而适宜的理智，作为一种天赐礼物，从一开始就属于人了；而那种认为从兽类野蛮行为的深渊中慢慢地产生了人性的观点，再也无法坚持了。人类思维所从事的最原始的艺术活动，较之任何文学文献都更为古老，甚至早于传说的首次流传——"人类语言"的问世，这种人类的艺术活动构成了从历史的黎明延续至今从未间断的链条。我们至今还讲着自己种族原始先民所讲的语言，而这种语言以其奇妙的结构，对亵渎神明的诋毁做了驳辩。

语言的形成、根词的组成、语义的逐渐分化、语法结构的日益系统和精湛，这一切成果（今天在我们的言谈话语中依然会看到这些成果）都证实了，从一个非常早的时代起理性思维就存在了——艺术家的思维至少和其作品同样伟大。在这个时期里，一些最必要的观念的表达方式形成了，诸如代词、介词、数词以及简朴生活中的常用词汇，不大固定、仅仅是胶着状态的语法也出现了；然而这种语法至今也没有给人以任何表现个人或民族独特性质的印象，而是囊括图兰语①、雅利安语②、闪米特语等言语方式。这个时期构成了人类历史的第一步，至少有些最出类拔萃的文物工作者（或古董商）和哲学家的慧眼，已认识到它的重要性。我们称这个时期为"词的形成期"（Rhematic Period）。

与此相继的是第二个时期。在此期间，我们必须设想至少有两个语族脱离了仅仅是胶着状的或游牧阶段的语法状态，而且一劳永逸地形成了各自构词体系的独有特征；而这些特征，我们如今在闪米特语和印欧语——它们与图兰语迥然相异，图兰语存留的年代非常久远，在某些地区延续至今——的

---

① 图兰语（Turanian）实际上指非雅利安语族，最初用于亚洲的游牧部落，意为飞驰的骑手。参见麦克斯·缪勒（M. Müller），《语言学》（*Science of Language*），第 8 版，卷 1，第 277、344 页；H. D. 惠特尼（H. D. Whitney），《语言学研究》（*Lingustic Studies*），第 243 页。——编者

② 作者后来放弃 Arian 这种拼法，而代之以更加正确的 Aryan，梵语 Arya 意为农夫或土地所有者。从那以后，人们便采用了后一种拼法。——编者

名词所包含的全部土语和民族成语中，依然会发现那种胶着状的复制品。这种复制品已不再能自发地形成传统的而又有所变化的语法系统，至少在相当大的程度上，它的范围受到了限制。此外，我们无法在游牧的或图兰人的语言中——从中国到比利牛斯山脉，从科摩瑞海角越过高加索，再到拉普兰，各处遍布的语言中，发现传统语族的相似点。这就使我们只能把条顿语（日耳曼语）、凯尔特语、温德语、意大利语、希腊语、伊朗语、印度语等归为一类，而把阿拉伯语、阿拉米语以及希伯来语归为另一类。只能说这是两种独特语言方式的初步分化而已。在这个时期的初始阶段，由于政治方面而非个人方面的决定性影响，语法中那些不固定的成分变得稳定了，它们不再仅仅是胶着状态的性质，而被看作合为一体的。这第二个时期被称为"方言期"（Dialectical Period）。

在这两个时期之后，而又在任何民族文学的蛛丝马迹最初显露之前，还有一个时期，它在世界各地都表现出同样独特的容貌：一个"始新世"时期，通常称之为"神话时代"（Mythological Age）或"产生神话的时代"（Mythopoeic Age）。在人类思维的历史长河中，这个时期或许是最难理解的，而且很有可能动摇我们所持有的关于人类理智发展是合乎规律的信念。我们对语言的起源、语法的逐渐定型，以及语言和方言的不可避免的分化脱节，都能形成相当清晰的观念。我们也能够理解最初的政治社会的集权，法律和风俗的确立，以及宗教和诗歌的萌生。但在这两个阶段中间，有一道鸿沟，任何哲学要想在它上面架一座飞桥，似乎都是不可能的。我们把它称为"神话期"（Mythic Period）。当我们欣赏古希腊荷马诗歌的精彩描述时，我们已习惯于相信希腊在纯粹的艺术方面是遥遥领先的，而其生活的文雅和安逸也是久负盛名的；当我们看到墨涅拉俄斯和阿尔基诺俄斯的宫殿时，我们也相信那里曾有公众集会和精心设置的祈求活动，相信涅斯托尔深思熟虑的智慧和奥德修斯的惊心动魄的丰功伟绩，相信有尊贵的海伦和可爱的瑙西卡娅。我们相信希腊人由于其人种的缘故，一直是独占鳌头的，人们的主要娱乐就在于发明创造一些荒谬可笑的神话。这些神话涉及各位神祇和其他难以形容的生物——他们都属于人的血统。事实上，铭刻在这些人物坟墓上的历史，只有比脱（Bitto）和斐尼斯（Phaints）墓铭上的短诗可推上品。[①] 尽管后来的诗人会使某些虚构的传说增添美的魅力，但要回避下述事实却是不可能的：大多数古代神话，无论就其自身内在的，还是其文字的意义而言，都是荒谬可笑的、非理性的，而且经常是与思维、宗教、道德的原则背道而驰的。而希腊，恰是在其思想、宗教、道德出现之后，才从口传历史的暮色苍茫中走到人们面前来的。是谁发明、创造了这些故事呢？——在此，我们有必要指出，这些故事无论是在印度、波斯、希腊、意大利、斯拉夫的土地上，还是在条顿（日耳曼）的土地上，我们都可以找到，而且它们无论在形式上，还是特性上都是一致的。那么，是否有一个人类思维不得不经过的短暂的精神紊乱时期，而且在南到印度和北抵冰岛，都达到同样的痴狂？令人难以置信的是，一个产生了像泰勒斯、赫拉克列特和毕达哥拉斯这类人的民族，在这些圣贤出现之前的几个世纪，也就是思想的婴儿期，这一民族是由那些闲聊漫谈的人们形成的。他们生活的年代仅仅早于那些贤哲不过二三百年。即使我们只触及神话里有关宗教的那一部分（就我们赋予宗教一词的意义而言），或者涉及哲学最高问题的神话（诸如创世、人神关系、生死、善恶）——它们在

---

① 该诗如下：
　　我们两人的出身显贵异常，
　　而老处女的一生令人断肠，
　　如今却躺在连里呼唤晨光。
　　我们终生把传说咏唱，
　　将半人半神的故事传扬，
　　从黄昏唱到满天霞光。
参见《宫廷诗集》（*Anthologia Palatina*），诗选 2，第 196 行起。

雅典学院，叶舒宪 2003 年摄于雅典

起源上是距今最近的——就会发现，恰恰是这一部分（或许还要包括某些严肃的观念或某些纯粹的崇高的概念）成为荷马时代的诗人们或伊奥尼亚哲学家们祖先的精华所在。如果让不熟悉奥林匹斯神话之错综复杂系统的饲豕者欧迈俄斯谈论神性，他的言论很可能和我们的差不多；他曾对奥德修斯说："吃和享受是这里的一切，因为神只愿意许可一件事情，其他的则都拒绝了，无论他想到什么，他都是无所不能的。"① 我们可以设想，这乃是荷马时代普通民众的语言。如果把我们所设想的与古希腊神话中最重要的概念相比较，就会看到古希腊神话中既简单又崇高的事情，就是要证明宙斯的全能。宙斯曾告诉众神，即使所有的男神和女神站在一边拉一根绳子，也不能把他从天庭拉到地上，而只要他愿意，不仅可以把各位神祇一齐拉上天庭，而且还会把大地和海洋悬挂在奥林匹斯的顶峰上。有什么比丢卡利翁和皮拉往身后抛石头而创造了人类这种神话的解释——这种神话仅仅把自己的起源归结于一个双关语 λάος（人）和 λᾶας（石头）②——更荒谬至极的呢？然而，我们也难以指望，在异教徒中有哪个人神关系的概念，其意义之深远会超过赫拉克利特的话："人是道德之神，而神是非道德之人。"我们可以想象，成就吕库古和梭伦创建雅典最高法院和奥林匹克运动会的时代，可我们却无法想象，希腊人关于神性的最高观念。在那个时代的前两三代人中，乌拉诺斯被克洛诺斯重伤的传说，已把它如此充分地表达出来了——克洛诺斯吃自己的孩子，吞下石头，却吐出他的活生生的子孙后代。而在非洲和美洲的最低级的部落里，我们却几乎找不到比这更骇人听闻和令人厌恶的说法。如果我们像格罗特先生那样，认为神话只是"一个从未出现过的过去"，无疑是对迫在眉睫的困难退避三舍；而若认为蛮族世界的那些神话都不过是对一个神圣启示的

---

① 《奥德赛》（*Od.*），卷10，第443行起。
② 假如有人想到威尔士语 pobl（人）和古英语 pobble（卵石）之间的联系，就可看出某些相似之处。——编者

以讹传讹或误解的碎片而已（这个神圣启示曾是整个整个人类所共有的——这是基督教神学家经常宣扬的观点之一），那么这种看法不免有点亵渎神圣的味道。这些神话都是特定历史时期中人的产物，产生这些神话的年代，介乎"方言期"和"民族语言期"之间。方言期是人类逐渐划分为不同种族和语族的时代；而在民族语言期，印度、波斯、希腊、意大利和日耳曼都形成了民族语言和民族文学的最初轮廓。事实就是这样，要么我们尽力解释它；要么就承认，在人类思维逐步发展的进程中，如同地球的形成过程一样，有过剧烈的革命，就像不明原因的火山和地震一样爆发了。这些变革，打破了早期阶段思想发展的平稳一致，使人类思维受到异常猛烈的震动。而这一切，在历史的表面，却是看不到的。

然而如果不采取这种过激的、令人反感的理论，而是以一种比较理智的方式揭开神话创作的千古之谜，我们就会得到更多的东西。关于各种神话在后来的各个时代中的存留和传播，虽然有许多方面变得更加光怪陆离，可是问题却不是那么复杂。人类思维对于过去，有一种天生的崇敬之情，而人类的宗教虔诚和儿童的恭顺孝敬，都是从这同一自然源泉中涌流出来的。尽管过去年代的传说奇妙又粗野，有时甚至显得伤风败俗、荒诞不经，但每一代人都欣然接受，并加以改造，从而使这些神话得以再生，能够揭示真理或揭示更为深刻的意义。有许多印度人，虽然他们通晓欧洲的科学，也吸收了各种纯粹自然神学的原理，却对毗湿奴和湿婆的形象顶礼膜拜。人们知道这些雕像只是些石头，也承认自己在感情上厌恶圣典上所说的那些归之于这些神的不道德或不纯洁的品质，不过最为虔诚的婆罗门坚持认为这些传说有着极为深远的意义——道德败坏与神圣境界水火难容，而这个奥秘必定隐藏在这些日积月累而逐步神圣化的传说里面——但是，这种奥秘，只有勤于思索而又笃信不移的头脑，才有希望获得理解。不仅如此，甚至在基督教传教士屡获成就的地方，在纯洁的基督教信仰赢得当地人的心，并使《往世书》中荒谬至极的言论已变得令其不再难以接受的地方，这些人类幼年时代的信念依然在内心徘徊，而且偶尔会在不经意间露出来，正如某些古代神话偷偷溜进罗马教会的各种传说里，并在其中蔓延滋长一样。① 我们在古代历史中经常发现，希腊人因那些讲述他们神的故事而感动不已；然而即使是在当代，我们当中也有一些人，他们有信仰，虽然不信神也不信真理，但却相信其他人所信的东西，由此我们便不难理解，为什么像苏格拉底这样的人也不愿意否认或弃绝他的祖辈所信奉的东西。但是，由于神性的观念已变得比较纯粹了，人们就会感受到（包括在神的观念之中的）完美的观念，排除不道德之神的可能性。正如奥特弗尔德·缪勒（O. Müller）② 指出的，由于许多神话和品达的神或英雄的尊贵庄严的抽象概念不能协调一致——品达看来，这些神话又"必定虚假"——所以品达他改编了许多神话传说。斐德若③ 声称厄洛斯为最古老的，阿加通则说厄洛斯是诸神中最年轻的，柏拉图④ 在考察有关厄洛斯的不同传说时，也是以同样的精神加以论证的，在其《会饮篇》中，我们看到每个发言者是如何各执一词，坚持认为厄洛斯的神话只有符合自己关于这位神祇性质的理念时，才是唯一真实的。为使自己的意见有根有据，每个发言者都求助于古代神话的权威。正因如此，一旦人们形成一个无所不能而又无所不在的至上神的概念时（这个概念相当清晰明了，如同自然宗教所展示的那样），人们就会称之为宙斯，而忽略或忘记了他还是个奸夫和杀害

---

① 参见格林（Grimm），《德意志神话学》（*Teutonic Mythology*）导言，第 2 版，1844 年，第 31 页。英译版卷 3 第 35 页。还可参见科尼尔斯·米德尔顿（Conyers Middleton），《罗马书信》（*Letter from Rome*），1749 年；P. 圣泰威斯（P. Saintyves），《诸神的圣裔》（*Les Saints Successeurs des Dieux*），1907 年；H. 德拉瓦耶（H. Delahaye），《圣徒的传说》（*The Legends of the Saints*），1907 年；E. 卢修斯（E. Lucius），《圣徒崇拜的起源》（*Les Origines du Culte des Saints*）。——编者

② 参见奥特弗尔德·缪勒（O. Müller），《神话学导论》（*Prolegomena zu einer wissenschaftlichen Mythologie*），1825 年，第 87 页。

③ 《斐德若》（*Phædros*），242，E。

④ 《会饮篇》（*Symp.*），178，C。

父母、亲友的人。

"宙斯是起点，也是中点（middle）；万事万物都是从宙斯那里派生出来的。"——正如格罗特先生所假定的、柏拉图曾间接提出 [1] 的那样，只有俄耳甫斯的线索才是最为悠久的。那些在内心深处感受到祈祷者（渴望神助或神佑）的真情实感的诗人们也在谈论宙斯，不过他们似乎忘记了在某个时代宙斯本人也曾被提坦征服，后来又得到赫尔墨斯的解救。[2] 埃斯库罗斯曾说："宙斯，无论他是谁，只是个名称而已，他喜欢人们这样称呼他，借助这个名字我们可以谈论他。因为当我思索除了宙斯之外的其他一切时，我不能在思想中分清自己是否真的可以抛弃那些无谓的累赘。"

不，保存这些神话的名字实际上并不困难，这些看似古怪的虚构故事之所以长期流传，是因为它们富有教益，能够满足一代代人对宗教、诗歌以及道德的需求。历史有它自己的魅力，传说有个语言方面的得力朋友。我们现在依然说太阳东升西落，谈五彩缤纷的彩虹，描述电闪雷鸣，因为语言一直认可这些表达方式。我们还运用它们，尽管根本不信仰它们。真正的困难首先在于，人类思维是如何被引导到这类想象上来的？这些名称和传说是怎样产生的？除非这个问题得到解答，否则我们的坚定信念，即认为贯穿各个时代和所有国度的人类思维是合乎规律的、前后连贯的发展过程这一坚定信念，肯定会被当作错误理论而抛弃。

不能说我们对这个时期绝对一无所知。在这个时期里，尚未分化的雅利安民族——我们这里所谈的，主要是他们的事情——创造了自己的神话。只要我们从希腊政治和文学的历史起点，略微看一看它对希腊思想的深刻影响，

---

① 洛比克（Lobeck），《希腊的神秘神学》（*Aglaoph*），第 523 页；普雷勒尔（Preller），《希腊神话学》（*Greek Mythology*），1854 年，第 99 页。

② 阿波罗多洛斯（Apollod）：《神话集》，卷 1，第 6 章，第 3 节；H. G. 格罗特（H. G. Grote）的著作，第 4 页。

狩猎女神狄安娜（Diana），古罗马塑像，叶舒宪 2010 年摄于苏黎世大学博物馆

就能由此推断出那个时代某些实在的特性，而这些特性则有如希腊民族文学之破晓的鸡啼。虽然奥特弗尔德·缪勒并不了解比较语言学在分析原始雅利安时期时提出的新观点，但是他指出："神话的表达方式——这种方式把所有的事物人格化，而且把所有的关系都变成拟人化的行为——十分独特，因而我们必须承认，它的成长在人类文明史中是一个性质截然不同的时期。"①然而近来比较语言学却把这一时期全部纳入文献史的范围。比较语言学成为我们手中的显微镜，这种显微镜性能卓越，使我们在以前只能看到朦胧乌云的地方，现在却发现了性质截然不同的形式和要则。不仅如此，它还使我们得到了我们称为"当时证据"的东西，这些证据向我们展现了在梵语还没有成为梵语、希腊语还没有成为希腊语的那个时期的思想、语言、宗教、文化的状态。在这个时期里，梵语、希腊语，以及拉丁语、日耳曼语和其他雅利安方言，都还存在于一个尚未分化的语言里，就像法语、意大利语和西班牙语在某个时期曾存在于尚未分化的拉丁语中一样。

这一点需要略加解释。如果我们对拉丁语的存在毫无所知——假若 15 世纪以前的所有历史文献佚失一尽——甚至关于早期罗马帝国的传说也荡然无存了，那么只要比较一下我们现在依然能够进行会话的六种罗曼语系的方言，就可以发现，在历史的某个时刻必定有过一种母语，而上述这些现代方言都是从这个源泉派生出来的。因为如果不做这种假设，这些方言所展示的事实就会无法解释。看看助动词，我们就会发现，即使只对这些助动词的形式略顾一二，人们也会明了：第一，所有这些形式恰恰都是·个共同模式的不同变体；第二，不能把这六种词形变化中的任何一个，看作其他语言加以借用的词源；我们对这一点还有所补充，即第三，虽然这些动词形式不能归属于这六种语言中的任何一种，我们却可以发现它们得以构成的基本要素。

---

① 《神话学导论》（*Prol. Myth*），第 78 页。

如果我们看到"我喜欢"（j'ai aimé）这个词组，我们只需根据其基本含义就能解释。这种意义在今天使用的法语中依然存在，而且同样的意思甚至可以用像 j'aimerai，即 je-aimer-ai（我不得不爱，我应当爱）这样的复合词来表示。但是从"我是"（je suis）到"你是"（tu es）的变化，只用法语语法来解释是说明不了问题的。可以这么说，这些形式不是从法语这块土地上成长起来的，而是作为一个早先时期的遗物流传下来的。换句话说，它们必定存在于某种语言中，而这种语言是先于任何一种拉丁语系方言的。然而在这方面，幸好我们今天不是仅仅陷于推论之中，而是掌握了拉丁动词。我们能够根据语音的讹用和弄错了的类推，证明这六种词形变化的每一个都不过是拉丁语本身的变化而已。

表 1

英语	意大利语	瓦伦亚语	瑞提亚语	西班牙语	葡萄牙语	法语
I am （我是）	sono	sum （sunt）	sunt	soy	sou	suis
Thou art （汝乃）	sei	es	eis	eres	es	es
He is （他是）	e	é （este）	ei	es	he	est
We are （我们是）	siamo	súntemu	sssen	somos	somos	sommes
You are （你们是）	siete	súnteti	esses	sois	sois	êtes （estes）
They are （他们是）	sono	súnt	eân （sun）	son	sào	sont

下面，让我们看看另一组词形变化：

表 2

英语	梵语	立陶宛语	阿维斯塔语	多种斯语	瑞提亚语	西班牙语	葡萄牙语	法语
I am （我是）	ásmi	esmi	ahmi	ἐμμι	yesmě	sum	im	em
Thou art （汝乃）	ási	essi	ahi	ἐσσί	yesi	es	is	es
He is （他是）	ásti	esti	asti	ἐστί	yestŏ	est	ist	ê
We（two）are ［我们（俩）是］	’svás	esva	…	…	yesva	…	siju	…
You（two）are ［你们（俩）是］	’sthás	esta	stho？	ἐστόυ	yesta	…	sijuts	…
They（two）are ［他们（俩）是］	’stás	（esti）	sto？	ἐστόυ	yesta	…	…	…
We are （我们是）	’smás	esmi	hmahi	ἐσμὲς	yesmŏ	sumus	sijum	emq
You are （你们是）	’sthá	este	sta	ἐστὲ	yete	estis	sijuth	êq
They are （他们是）	sánti	（esti）	hěnti	ἐυτί	somtě	sunt	sind	en.

如果我们认真观察这些形式，就会确切地得出同样的结论：首先，它们全都是一个共同模式的不同变体；其次，不能把这些形式中的任何一个当作其他语言加以借用的词源；最后，这里再次指出，在这八种语言里，虽然没有一种是这些动词形式赖以产生的语言，但却具有构成它们的基本成分。事实明摆着，假如我们在一些事例中看到希腊语一直保存着比梵语更为原始（或如人们所说的更为本源）的形式，我们就不会把梵语当作一种本源的形式，认为其他语言都是由此派生出来的（许多学者持有这种观点）。Εσ-μές（我们是）不可能是从梵语的 ’smás（我们是）派生而来的，因为 smas 少了一个基本的 a，而希腊语却保存着，as（成为）是词根，最后是 mas（我），但是

希腊语也不能作为一种更为原始的语言，从它那里派生出其他各种语言。像拉丁语就不能说是希腊语的"女儿"，因为罗马人操持的语言里，保存了一些比希腊语更为古老的形式。举例来说，sunt（他们是）就比 ἐντί 或 ἐνσί 更为原始。这里的两个希腊语词都少了基本的 as，ἐντί 是从 ἐσεντι（是他们）演变而来的，然而拉丁语以及梵语却至少在 sunt=sánti 中保存了那个基本的 s。

所有这些方言表明，有一种更为古老的语言，它与这些方言的关系如同拉丁语和各罗曼语系方言的关系——只是那个较早的时期，没有任何文学作品把这种母语的只言片语保存至今。这个母语在近代诸雅利安方言（如梵语、阿维斯塔语、希腊语、拉丁语、哥特语、温德语以及凯尔特语）的诞生中消亡了。然而，如果说在这种归纳推理中有什么真实的东西，那就是这种语言曾经一度是活的语言，它曾是亚洲的一个小部落所讲的，甚至最初只是生活在一所小房子里的家族讲的，就像卡蒙斯、塞万提斯、伏尔泰、但丁所讲的语言，曾经只是几个在台伯河附近的"罗马七丘"建造自己棚屋的农民所讲的一样。我们把上述两个词形变化表对照比较一下，就会发现《吠陀》所使用的语言和时至今日依然驻扎在柏林的立陶宛人所讲的方言，二者之间的一致之处，大于法语和拉丁语之间的相似之处。而且，一旦博普的《比较语法》全部完成，人们就会更清晰地看到，所有语法的基本形式，早在雅利安民族分化之前，不仅已经确立起来，而且构架已十分完备了。

然而，如果我们运用已经掌握了的比较语言学所提供的材料，我们对雅利安民族原始的、未分化的族系的理智状态就会了解得更加透彻；而且从另一方面看，罗曼语系的各种方言将教会我们如何拼写，通过这条途径我们有希望揭开非常遥远的雅利安种族的秘密。如果我们在罗曼语系各方言中都能找到一个词，如法语的 pont，意大利语的 ponte，西班牙语的 puente，瓦伦西亚语的 pod，它们全都显示出某种一致性；即便对各种方言所持有的民族特性留有余地之后，我们依然有权利说，"pons"这个词是指谓"桥"的名称，这个名称早在这些方言尚未分化之际就已为人们所熟知了，而且由此可以进一步说，造桥的技艺在那个时期也一定被人们掌握了。纵然我们对拉丁语和罗马一无所知，我们也能断言，至少在10世纪以前，有些人（不论他们是谁）已经掌握了书、面包、酒、房子、村庄、城镇、塔、大门等词汇，而正是这些人所讲的语言，派生出近代欧洲南部的各种方言。但若只从这点贫乏的材料出发，勉强编造罗马人的历史，那是不合适的。我们不想也不可能为罗马人的智力状态勾画出一幅非常完美的图景，但我们完全有能力证明，的确存在过这样一个民族；而且，在缺乏任何其他资料的情况下，即使只是因果推理的浅薄见解也应受到欢迎。尽管我们只有小心谨慎地避免外来词汇才能稳妥地运用实证的方法，可是我们既不能弃之不用，也不能消极地运用它。为什么呢？因为各种罗曼语系的方言，对特定事物有着不同的命名，所以不能由此推论罗曼各民族的祖先对这些事物就毫无所知。在罗马时代，纸就已为人所知晓，但在意大利语中称纸为 carta，而在法语中则是 papier。

由于我们对分解为不同民族（诸如印度、日耳曼、希腊、罗马、温德、条顿以及凯尔特）以前的雅利安族无所了解，于是这种通过语言分析、揭开古代各个时期历史面纱的方法就变得极为有价值。因为这种方法可以证实人类历史上某个时期的历史真实性，而这个时期存在与否又是屡受怀疑的——人们常常称之为"从未存在过的过去"。我们不必指望有哪一个完美无缺的文明史会充分地向人们展示《荷马史诗》和《吠陀》语言尚未形成之际的图景。然而我们应当借助虽然微小但意义重大的点滴材料，体会到那个人类思维早期阶段的真实存在——我们认为这个时期就是越来越明了的"神话时代"。

父亲、母亲、兄弟、姐妹以及女儿这些名称，在大多数雅利安语言中是相同的，或许乍看起来仅仅这样一个事实显得无甚意义，然而这些词恰恰是极为重要的。父亲的名字在那个较早时期就已产生了，这表明父亲承认妻子的儿女是自己的，只有他才有权享有父亲的称号。father（父亲）源于词根 PA，而它的意思并非指成为父亲，而是指保护、供养、哺育。[①] 父亲作为生父，在梵语里是 ganitár，但作为其子女的保护人或供养者，则称作 pitár。《吠陀》里一起使用这两种名称以便表达父亲的完整意义。

表 3

英语	梵语	阿维斯塔语	希腊语	拉丁语	哥特语	斯拉夫语	爱尔兰语
Father（父亲）	pitár	patar	πατήρ	pater	fadar	…	athair
Mother（母亲）	mâtár	mâtar	μήτηρ	mater	…	mati	mathair
Brother（兄弟）	bhrâtar	brâtar	(φρατήρ)	frater	brôpar	brat	brathair
Sister（姐妹）	svásar	khanhar	…	soror	svistar	svestra	siur
Daughter（女儿）	duhitar	dughdhar	θυγάτηρ	…	dauhtar	dukte (Lith.)	dear

注：下述这些英文里，或许把上述家庭关系的基本意义概括了。

父亲是一家的养育者（feeder），对其奴仆来说，他像君主或食物的卫士（loaf-ward）。

母亲，古人称为 mtr，而 meter 来源于 meat（食物），她是食物的分配者（loaf-divider），现在这个古名流变为 ladye。

姐妹应是可爱的（sweet）帮助者（assister）。

兄弟则高兴地成为重任的承担者（bearer）。

女儿要在牛奶房里辛勤地挤奶制酪。

他们在家里各司其职。

pater 是从 pā 引申出养育（nourish）之意。"我们称之为 fader，因为他供给所有的生活用品……他提供食物，所以是一家的 fader"。〔《古英语训言》（Old English Homilies），12 世纪，第 2 编，第 25 页〕lord 意为 lowerd，即 hláf-weard（食物的保护人），在德语中是 brot-herr（面包的主人），就像 lady 意为 lafdi，即 hláf-dige（食物制造者）一样。mater 即 meter，从 mā 引申出度量之意，由此又引申出 mete 或 meat，即一个度量过的部分；斯堪的纳维亚语中的 matmoder 即食物之母；svasar（swestr）明显和 swad（可爱的）或（甜的）相近，而又与 su 复合而成。bhrâtar（bhartar）从 bhar 引申出承受（bear）之意，duhiter 则从 dhugh 引申出奶的意义，又由此引申为 dug（奶头）或 dairy 即 deyery（挤奶的地方或挤奶女工），参照比较英印语 daye，即奶妈；印度语则为 dāi。

———————————

① 在闪米特语中，ab 经常意指养育者或保护人，而不是指生父。参见 W. 罗伯逊·史密斯（W. Roberson Smith），《闪米特宗教》（Religion of the Semites），第 2 章。——编者

所以诗中曾这样讲道（I, 164, 33）：

Dyáus me pitá' ganitâ'.

Jovis mei pater gtnitor.

Ζεὺς ἐμοῦ πατὴρ γενετήρ.

朱庇特是生父和保护人。

与此方式相同，mâter、mother（母亲）也同 ganitrî（生母）结合在一起（Rv. Ⅲ，48, 2），这表明 mâter 一词肯定是很快就丢失了它的词源意义，而变成一种尊敬和亲切称呼的表达方式。在早期雅利安人中，mâter 一词从 MA 引申为制作，从而具有制造者的意义。在这种意义上，以及由于 mâ'tar 的重音和希腊语 μήτηρ 相同，而又不加阴性词缀，所以在《吠陀》里也用作阳性名词。比如我们在《梨俱吠陀》卷 8 第 41 章第 4 节中看到：

Sáh mâ'tâ pûrvyám padám.

他，伐楼拿（乌拉诺斯）是古老大地的创造者。

现在应当看到，pitar 以及 mâtar 仅仅是许多可以表达父母观念的名称之一。即使我们把自己局限于词根 PA，并认为父亲最有特点的属性在于他供养自己的儿女，那也会有，事实上也确实有许多词汇可以构成，或者说全都能适于变成父亲的专有名称。在梵语里，保护者不仅可以用 PA 加上词尾 tar 表示，而且也可以用 pâ-la、pâ-laka、pâ-yú 表示。在许多可能的形式中，现在却只有一种被吸收在雅利安语的字典里，这个事实说明，在雅利安民族发生分化之前很久之际，语言中必定有某种类似传统用法的东西。除此之外，还有其他一些可以构成父亲名称的根词。诸如 GAN，从这个词根可得到

ganitár，genitor，γενετήρ；或 TAK，由此产生希腊语的 τοκεύς；或 PAR，拉丁语的 parens 源出于此。无须赘言，还有许多名词同样适用于表达父子关系中父亲的某些重要属性。假如每种雅利安方言都以共有的许多词根中的某一个形成各自的父亲名称，我们就可以说在所有这些方言里有着根本的一致性。但在这方面，我们过去从未成功地证明——这是最根本的东西——它们的历史一致性，或者说证明它们是某种语言分化变异的产物，而这种语言早已具备了明确的富有习惯语性质的牢固特点。

与此同时，还有其他一些早期文明中的最基本的词汇。但也有这样一种可能性：这种或那种雅利安方言佚失了古代的表达方式，而被一种新词取而代之。举例来说，雅利安语中兄弟和姐妹的一般称呼，在希腊语中就没有出现。在希腊语里，兄弟被称作 ἀδελφός，姐妹被称为 ἀδελφή。① 但若由此得出结论说，在兄弟和姐妹这些名称尚未形成之际，希腊语便已从雅利安语中分化而出，那就错了。我们没有理由假定希腊语是最先分化出来的。而且，如果我们发现像条顿或哥特这些民族，在第一次分化之后，虽没有和印度人发生什么联系，但其语言却和梵语有着共同的"兄弟"称呼，那就可以断定这个名称曾在原始雅利安语中存在过。这与下述情况是相同的：瓦伦西亚语和葡萄牙语中相同名称的存在，也将证明这个词的拉丁语源，尽管在其他罗曼语系的方言里并没有它存在过的痕迹。毋庸置疑，语言的发展受永恒法则的支配，但是和自然科学的其他分支相比，偶然事件对语言的影响更值得重视；而且，尽管人们可能发现一条规则，它成了希腊语中古代的兄弟和姐妹名称偶然佚失的决定性因素②，可是情况并非总是如此。根据我们的一般论证，感到有理由把某个词归之于雅利安语言的最古老阶段，然而我们也经常发现，这种或

---

① 这两个词在词义上与 δελφύς，即 co-uterine（共同的、同母异父的）同源。参见柯蒂乌斯（Curtius），《希腊语源学》（*Greek Etymology*），第 5 版，卷 2，第 88 页。

② 参见《爱丁堡评论》（*Edinburgh Review*），1851 年 10 月号，第 320 页。

那种雅利安方言并没有显示出这个词。

在那个非常早的年代里，兄弟和姐妹这两个词之间的相互关系，已被视为神圣的东西，而且在雅利安民族分解为不同的殖民地以前，这些名称已经约定俗成，成为传统了。就bhrâtar的本意来说，是指他要承担重任和援助别人；svasar的本意则指她是令人高兴的或安慰别人的——su-asti① 在梵语中意为欢乐和幸福。

我们还发现一个名称——duhitar，它在分化之前很久就已变成传统的东西了。这个词在除拉丁语外的所有方言里都是同源的，而唯独梵语保留了这一称谓的影响力。正如拉森教授指出的，duhitar 这个词源于词根 DUH，它在梵语里的意思是奶。在拉丁语里，它或许是 dūco，若把意思翻译出来，可能与 trahere（抽取）和 traire（挤奶）相同。现在，"挤奶女工"这个曾经给家中女儿的名字打开了我们的眼界，使我们感受到早期雅利安人富有诗意的田园牧歌生活。如果我们想象一下父亲把自己的女儿唤作小挤奶工，而不是 sutâ（他的亲生女）或 filia（吃奶的、乳臭未干）的情形，② 就会看到：女儿在婚前的事情虽然不多，却有件事情使她在游牧家庭里成为有用的人，这就是挤牛奶。而这件事则表明，甚至在最野蛮的社会里，人们已在享受精美的食物和动物的奶液了。然而这种意义又必定在雅利安民族分化之前很久就被遗忘了，而这个词只成为一个术语，或者说成了女儿的专有名称。我们常常有机会看到（下面还要这样做），与此相同的态度产生很多的词汇，不过它们仅适于游牧生活的状态。一旦这些具有专门意义的词转变为普通词汇后，便丧失了所有语源的活力。这似乎很奇怪。但我们可以立即给出几个相

---

① su-asti 从字面意思上说是 well-being，意为幸福。——编者
② 这几乎是不可能的：雅利安人的父母竟在女儿证明自己在日常生活中的作用之后，才用一个词来称呼她。她是个吸取者［duc-(e)-ix］无疑，但不是吸牛奶而是吮母亲的奶，所以 daughter（女儿）和 filia（吃奶的）同义。——编者

近的实例，借助语言学，在最普遍流行的表达方式中发现雅利安民族古代游牧生活的特殊背景。就拿一个比较现代的词 peculiar 来说吧，它现在的意思是单一的、超众的。然而最初的意思却是私人东西，即非共有的财产，它源于 peculium①。而在如今的拉丁语中，peculium 意为独特（如同 consilium 意为谋划），但其本源是 pecus、pecudis，指我们称作牛或动产之类的东西。牛在后来也一直是农民的主要私人财产，由此我们便可理解：peculiar 这个最初意指个人私有财产的词，怎样变作"非一般"的意思，而最后又在当今的会话里有了"奇特"的含义。我几乎没有必要再去提及 pecunia 众所周知的词源了，它也是源于同一个词根 pecu。pecu 有成群（flocks）的意思，后来逐渐有了钱的含义。与此方式相同，盎格鲁－撒克逊语中的 feoh（牛群），日耳曼语中的 vieh（牛，按照日耳曼的法律，其本义和 pecu 相同），在时间的进程里，日益有了用金钱酬报（afee）的含义。②似乎可以这样说，我们

---

①peculium，较小的牛，它指一家中的孩子或奴隶的私产［莫姆森（Mommsen），《罗马史》（*History of Rome*），卷 1，第 194 页］。所以，chattles 只是 cattle 的另一种形式，二者都源于 capitalia。——编者

② 试比较：

　　罗宾坐在美丽的绿色的山岗上，牧守着一群羊（fie=sheep）。［R. 亨利森（R. Henryson），《罗宾和马基恩》（*Robin and Makyne*），第 1、2 行］

　　我骑马走过这一大群羊的后面。［《厄塞尔东的托马斯》（*Thomas of Erceldoune*）］

　　另外，古英语中的 aver（Fr. avoir）意为所有物、财产、财富、金钱，特别用来指牛、活的树苗以及其他的农用牲畜（见《牛津大词典》）。古法语的 sket（牛）、古斯拉夫语和俄语中的 skotu（牛）也用来指钱［哥特语的 skatts、盎格鲁－撒克逊语中的 sceatt 是银币（H. M. Chadwick, A.-Saxon Institutions, p. 8.）］。很有可能，herd（畜群，尤指牛群）以及古高地德语中的 hërta，前条顿语中的 kerdhâ，作为收益源泉的意义，与希腊语的 κέρδος（收益）近似；恰如 gain 与古法语 gaaignier（饲养牲畜）相似。（M. Bréal, Semantics, 116.）古威尔士语的 ysgrubl（牛）类似 scribl（钱币，拉丁语是 scrupulum），阿莫语 saout（树苗）类似于 soliolus（钱币）（*id*. 117）。

　　希伯来语 kēsitāh［银币，雅各曾用它买地（*Gen*. xxxiii. 19）］被古代人理解为羔羊（在价值上或效果上）。在一切事物中，希伯来语的 mikneh（所有物或财富）总是表示牛的意思，就像德语的 gut 一样，它们与希腊语 κτῆνος（牛）和 κτῆμα（财产）非常相似。爱尔兰语 bó-sluaiged（财富）来自 bó-sluag［一群牛，sluag 即一群（W. Stokes, *Irish Glosses*, 66.）］，就像 crodh 有牛和钱两个意思一样［见皮克特（Pictet），《印度－印欧巴的起源》（*Origines Indo-Europunes*）］，而以动物名字（及其形象）来命名钱的时候，情况便有所不同，如 mutton（羊肉，见科特格雷夫的辞典 mouton 和 vache 词条）、西班牙语中的 ardita（钱币）也是从巴斯克语 ardia（羊）来的（Diez）。

　　rupee 来自印度斯坦语 rûpiya（钱币、块银），它可以上溯到梵语的 rûpa（牛）。"在荷马时代、早期罗马时期、爱尔兰布雷汉法典时代以及古波斯文第达特时代，价值都是用牛来估算的。"［参见 A. S. 威尔金斯（A. S. Wilkins），《欧文斯学院论文集》（*Ownes College Essays*），第 315 页］

鎏金铜盘中的雅典娜女神（Athena）像，叶舒宪 2010 年摄于苏黎世大学博物馆

眼皮底下所发生的现代语言的变化，并不如较远时代中的语言变化更令我们惊异不已。即使现在的诸雅利安民族中，最有用的牲畜也是公牛和奶牛，它们被视作最主要的财产和最重要的生活物资。在梵语中，公牛和奶牛被叫作 go（复数是 gâvas），这个名字和古高地德语中的 chuo（复数是 chuowi）是一样的，随着颚音变化为唇音的带声破裂音，便形成了古希腊罗马的 βοῦς、βόες 和 bôs、bôves。斯拉夫语言中也保存了这些古代名称的遗迹，例如哥特语的 gohws（牛）、斯拉夫语的 govyado（一群牛）、塞尔维亚语的 govedar（放奶牛的人）。

我们根据 βοῦς 可在希腊语中找到 βουκόλος，其本意是放牧奶牛的人，但希腊语动词 βουκολέω 的照看奶牛群之意总是同化为一个较一般的意义——放牛人。不仅如此，它还用于一种较为隐喻的意义，比如 ἐλπίσι βουκολοῦμαι（我靠虚无缥缈的希望活着）。这个词还用在有关马的事情上，从而可以断定牧马人这个概念（ἱππο-βούκολος）最初是指牧马的放奶牛者——可与之相比较的表达方式是梵语的 goyuga，但 goyuga 原为同轭的一对奶牛，而不是后来所指的任何一对。因此，一对奶牛总是被叫作 go-go-yuga。所以梵语中 go-pa 的本意是放奶牛的人，但它很快就失去了这种特殊的意义，而用来指奶牛棚栏的主人、牧主，最后，像希腊语 ποιμῆν λαῶν 这个词一样，有了王的意义。[①] 由 gopa 这个词，又组成一个新动词 gopayati。在这个新动词里，其本意所具有的一切痕迹都湮没了，它的意义只是保护。与 gopa 意为放奶牛的人一样，梵语的 go-tra 最初是篱笆或围栏，借助这种围栏既可以预防牲畜被盗，也可以防止牲畜走失。然而在后来的梵语里，gotra 几乎完全失去其词源本意——成为只对阳性而言的词，gotra 有了一群奶牛的意思。

---

① 与此相似，英印语 gaikwar、guicowar，在词源上本是指放奶牛的人，在马拉塔族语中，gāckwar 是王的意思。——编者

在古代，无论亚洲还是欧洲，多数战争不是出于政治角力而是为了争夺优质的草场或数量可观的牛群①，而原先的围栏自然要变成堡垒，树篱笆变成要塞，居住在同一个堡垒里的人就被称为 gotra（家庭、部落或种族）。在《吠陀》里，gotra 还用来表示羊群或篱笆的意思（iii, 39, 4）。

> Nákir② êshân ninínditâ' martyeshu
>
> Yé asmâ'kam pitarah góshu yodhâ'h
>
> I'ndrah eshâm drimhitâ' mâ'hinâvân
>
> Út gotrâ'ni sasrige damsanâvân.
>
> 我们无一嘲笑他们，
>
> 他们是我们的父亲，
>
> 他们在牛群中奋战。
>
> 伟大的因陀罗是他们的保护者，
>
> 威力无比的因陀罗扩大了他们的篱笆③，即他们的财产。

在《吠陀》卷 1 第 112 章第 22 节中，goshu-yúdh（在奶牛中奋战、或为奶牛而战）一般用作武士的名称，最常用来表示战斗的词是 gáv-ishti，其字义是为奶牛而奋斗。然而在后来的梵语中，gaveshana 仅指探索（哲学的或物理的），gavesh 则意为询问。goshtha 原意为奶牛栏或牛棚（βούσταθμον），

---

① ὑπὲρ νομῆς ἢ λείας μαχόμεθα.《友谊》（*Toxar*），第 36 页。格林（Grimm），《德语史》（*Hist. of the German Language*），第 17 页。

② 后来的版本中改为 Nakih。——编者

③ hurdle 看来是维狄克语中的 Khardis（房子），即围栏，从同一词根出发，我们可在盎格鲁－撒克逊语里找到 heord（一群牲畜），在古斯堪的纳维亚语中找到 hirdr（祈祷的监护人）。也许拉丁语的 cors、cortis（cohors、cohortis）来自同一源泉，意为围出一块地、一个庭院，最后意为宫殿。〔hurdle 与 herd 及德语 hürde 完全不同，而与希腊语 κύρτος（笼子）相似，它们都来自梵语词根 kart，后演变为紧密结合（Kluge），cors 则是风马牛不相及。——编者〕

随着时代和文明的进步，goshthî 变为集会的名称，此外，它还用来表示讨论或聊天。而 gossip（聊天）一词原意为教父或教母，后来才有了聊天的抽象意义。①

由 go（牛）组成的这类词，如果不考虑不易于怀疑的读者们的耐性，还可举出许多事例，它们皆可证明创造这些词汇的人们，必定过着半游牧半畜牧的生活，从而使我们理解他们怎样在女儿的意义上使用 duhitar 这个词。人们总是把语言称作操持该语言的那些人的科学和生活方式的地图。如果考察一下沿海居民的语言，我们很可能发现，不是牛和牧场，而是船和水，构成了许多词汇的组成部分，后来这些词又有了较为一般的意义。

我们要进而考察其他方面，揭示雅利安种族分化之前的社会状态。同时，我们希望这些方面会展现出一幅远古时代的画卷，其所展现的真理与现实，甚至可以使那些从不了解原始社会的人也能够接受。

我们之所以对 son（儿子）这类词略而不论，部分是因为其词源索然无味——原本只是生殖②的意思，部分是因为儿子处于父亲财富的继承人的地位，总是要求自己的名称在时间上要远远地早于女儿、姐妹或兄弟的名称。事实上，由父母、儿女、兄弟、姐妹所表达的关系，源于自然法则，应当说是一成不变的。这些名称本身，或许经过了十分恰当的选择，但从现有的语言知识来看，证明这个方面在文明进步中没有任何显著的进展。然而还有其他的关系，它们具有较晚的起源，具有约定俗成的特性。千真万确，它们是

---

① 令人难解的是，英语方言中和盎格鲁-爱尔兰语中的 goster（唠叨、聊天和闲谈），爱尔兰语中的 gastaire（唠叨）、goistigh（闲谈、教父），它们无论从形式上，还是从意义上，都与文中所述有一致之处。——编者

② 比如梵语的 súnú、哥特语的 sunus、立陶宛语的 sunut，都来自 su（父亲生的子女），由此产生希腊语的 vióς，只是分别加以不同的后缀而已。梵语 putra（儿子）虽有戏重的本意，但却可能是很有价值的古代遗迹，因为它和凯尔特语支（布列塔尼语 paotr）的表达一致，而拉丁语 puer 也应与此同源。〔这些后来形成的词可能来自梵语 pu，见柯蒂尤斯（Curtius），《希腊语源学》（Greek Etymology），第 3 版，卷 1，第 345 页。——编者〕

由社会法则认可并维系的，而不是由自然之声宣布的——这些关系在英语里，恰如其分地用附加 in-law 来表示，如 father-in-law（岳父、公公），sister-in-law（姑子、姨子、嫂子、弟媳）等。尽管在非洲和澳大利亚的方言里，我们不难找到父、母、儿、女、兄弟、姐妹这些词，而且几乎所有部落都把这些关系的自然等级神圣化，然而他们对各种姻亲关系的意义一无所知，也没有一种语言曾表达这些姻亲关系的等级。所以，如果可以证明表示姻亲关系的名称早在雅利安文明最初阶段就已形成，那我们就会得到某些有意义的东西。

下面这个表说明，在雅利安族分化之前，姻亲关系的每个等级都在语言中有所表现，并已约定俗成。尽管某些栏目不得不空着，但它们所表现出的一致性足以得出概括性的结论。如果我们在梵语中找到 putra（儿子），在凯尔特语中又找到 paotr（儿子），看到它们的词根和后缀相同，那我们就会想到，尽管其他雅利安方言中，没有一个以此完全相同的形式保存了这个词，但凯尔特语和梵语的这种一致性，就只能用下述假定来解释：putra 曾是雅利安语分化为各个分支以前共有的一个词。

在现代语言中，假如遇到这类情况，我们会接受较新近的谈话方式，但在古代社会的语言中，不能这样交流。雅利安民族分化之后，其南部一支穿越喜马拉雅山脉，而北部一支则扎根于欧洲沿海附近。他们各自遇到不同的问题，结果形成 gâmâtar 和 γαμβρός 这种相互有别的情形。这两个词原本都是指新郎或丈夫，之后用来称呼女婿。我们只能证明它们的词根相同，从而说明希腊语和梵语表达了同样的基本概念，还表明这两种语言的派生关系各有千秋。无疑地，我们在此做结论要格外谨慎，但一般说来我们应看到，这些不同的形式，恰如上述同一语言在不同方言中所发生的情形，最初只是随意地使用（当时存在着许多可能的形式），其中某一个被这位诗人选用了，另一个被那位诗人选用了，

表 4

英语	梵语	希腊语	拉丁语	哥特语	斯拉夫语	凯尔特语
Father-in-law（岳父）	svásura	ἑκυρός	socer	svaihra	svekr	chwegrwn
Mother-in-law（岳母）	svasrû'	ἑκυρά	socrus	svaihro	svekry	W. chwegyr
Son-in-law（女婿）	gā'mâtar	γαμβρός	gener	⋮	⋮	⋮
Daughter-in-law（儿媳）	shushâ	νυός	nurus	snûr	snocha	⋮
Brother-in-law（姐夫）	dêvâr（ανδράδελφος）	δαήρ	levir	tâcor	deweris（Lith.）	⋮
Sister-in-law（嫂子）	（nânandar）	γάλως（ανδραδέλφη）	glos	⋮	⋮	⋮
	yâtaras（wives of brothers）	εἰνάτερες	janitrices	⋮	jatres（Pol.）	⋮
	syâlá（wife's brother）	ἀέλιοι	⋮	⋮	⋮	⋮
	syâli'（wife's sister）	εἰλιόνες（husbands of sisters）	⋮	⋮	⋮	⋮

而后才变成普遍使用和传统的词汇。这种推论至少要比下述假设更为可能：首先，人们可以选用各种各样的方式表述某一关系。如希腊语选用同一词根 γαμ 构成了 γαμρὸς（女婿）和 γαμβρός（女婿），而印度人却独立地为此同样的目的采取了同样的词根，只不过赋予漫不经心的形式（如 bhrâtar 而不是 bhartar），并附加一般的后缀 tar，这样就构成了 gâ'mâ-tar（女婿），而不是 gamara 或 yamara。其次，当某一语支的某个共有词汇佚失了的时候，我们有时能够借助其派生的词义证明它以前存在过。比如在希腊语中，至少在其文学语言中，已经没有 nepos（孙子）——梵语 nápât、德语 nefσ——的遗迹了，也没有 nepits（孙女）——梵语 naptî、德语 nift——的遗迹了。然而，希腊语中却有 α'ὰ-νεφιός（第一代堂兄弟姐妹）这个词，其意为彼此都是孙子辈的人，正像叔伯被称作 avunculus（小爷爷）一样［avunculus 来源于 avus（爷爷）］。希腊语 ἀνεφιός 的构成，如同拉丁语的 consobrines，亦即 consororinus，意指我们都是姐妹的孩子（或说孩子们的母亲属于姐妹关系）。现代语言中的 cousin（表亲兄弟姐妹），意大利语的 cugino，几乎都没有保留其词源 soror（姐妹）的成分，但无论如何，却是从这个词派生而来的。因此，Ἀ-νεφς 证明了，在希腊语中 νεπους 也一定有过孩子或孙子的意义。通过相似的步骤，我们还可证明，在希腊语中，Ἀ-νεφιός 的意义曾与梵语的 syâla（妻子的兄弟）一致。在梵语中，丈夫称妻子的兄弟为 syâla，称妻子的姐妹为 syâlî。所以在希腊，佩琉斯总是呼唤安菲特里忒、波塞冬和忒提斯为他的 syâlîs，即已婚姐妹、兄弟共有的 syâlîs——她们在希腊语中被唤作 ἀ-έλιοι。因为在希腊语里已经佚失了的两个元音字母之间通常要加 sy；唯一不规范的只是短音 ε 代替了梵语中的长音 â。

还有几个词也用一线光芒照亮了雅利安家庭生活的早期结构。在语言里和法律中，都可了解寡妇的地位。在较早的时代里，我们找不到寡妇在丈夫死后注定要殉夫的任何痕迹。假若夫亡妻必死的风俗早已存在，人们就不会感到有必要产生寡妇这种名称；或者，也许这种风俗早已存在，那么寡妇这

雅典卫城上的帕提农神庙，叶舒宪摄于 2003 年

个词就可能涉及那种令人畏惧的仪式。现在的梵语里，丈夫或男人这个词是dhava，而其他雅利安方言里都没有这个词，或许只有凯尔特语例外，因为皮克特表明一种与梵语相似的构词形式：dea（男人或人）。梵语通过给 dhava 加上前置词 vi（没有）就构成了 vidhavâ（没有丈夫，寡妇）。[①] 语言的这种混成保留了已经佚失的原始词 dhava，表明这个传统的单词是源远流长的。我们不仅可以在凯尔特语 feadbh 中看到它的身影，而且在哥特语 viduvo、斯拉夫语 v［i］dova、古普鲁士语 widdewû 和拉丁语 vidua 中找到它的踪迹。如果寡妇自焚的风俗在那个最早阶段业已存在，就不会有 vidhavâs（失去丈夫的妇女），因为她们全都跟着丈夫离开了人世。所以，仅此名称便已表明——我们能进一步用历史实证来证明——印度的寡妇自焚制度起源较晚。的确，当英国政府禁止这种令人悲伤的习俗时，当整个印度处于宗教革命的前夕之际，婆罗门依旧把《吠陀》作为这种神圣仪式的典据，而且他们希望自己的宗教实践不要受到干涉，因为他们历来尊重suttee（殉夫自焚的寡妇）。实际上，他们所引用的章节来自《梨俱吠陀》，这个章节由科尔布鲁克——他是迄今最严谨和最有造诣的梵文学者——根据他们的观点翻译了下面这段话[②]：

> 噢！不要让这些女人寡居，好的女人要用泪水打扮自己，把黄油提炼干净，然后把自己付之于火！流芳百世，靠的不是没有孩子，也不是没有丈夫，而是好好地用珍珠美玉打扮起来，把她们自己变成火，因为，她们的原初成分是水。

---

① 后来的梵语倒宁愿从 Vedic 的词根 vidh 推演出空的意思［beraved（失去亲人的人）］，见柯尔提乌斯（Curtius）的著作，卷1，第40章，由此也产生了拉丁语的 di-vid-ere。所以寡妇总是 wid（空），是 de-void（没有）男人或是他的 di-vided（与之分离）。拉丁语则是 vidua。——编者

② 《论忠贞寡妇的职责》（On the Duties of a Faithful Widow），载《亚洲研究》（*Asiatic Research*），卷4，第209、219页，加尔各答（Calcutta），1795年。

然而这或许是那些最不讲道德的祭司们所作所为的一个最臭名远扬的事例了。依据这段被删改、被错译、被错误运用典据的权威，成千上万的生灵献出了生命，而且，那种狂热的反叛也由此受到恐吓和威胁。如果那时有人能够核实《梨俱吠陀》的原文，就可用祭司们的武器还治其人之身了；不仅如此，他们在精神上的威望，也会明显地发生动摇。现在能够读懂《梨俱吠陀》的婆罗门，连百分之一也没有，可他们至今仍在鼓动寡妇自焚，然而《梨俱吠陀》明确表明，这种习俗在印度历史的最早阶段本不存在。根据《梨俱吠陀》的赞美诗以及吠陀仪式（包括在《仪轨经》里），妻子要把丈夫的尸体送到火葬柴堆处。在那里，有人对她讲一段引自《梨俱吠陀》的话，并迫使她离开自己的丈夫，回到现世生活之中。[①] 这段话就是："站起来，女人，不要再接近你的丈夫，你要担当起你丈夫曾肩负的职责，做个好妈妈。"

这段话后面紧接着后来的婆罗门篡改引证用来支持其残忍信条的那段话。而那段话的意思也是无懈可击的，因为无论就我们给出的词义来说，还是就整个《梨俱吠陀》来说，都不可能有其他的解释。此外，尽管我们看到其他各种评论和礼仪，但任何地方也没有与此原文及其意义相悖的情况。这段话只是说其他的妇女要到火化场去，她们把油或黄油泼洒到柴堆上。

> 那些不是寡居，而且有好丈夫的女人，可以把油或黄油送到近前。已经做了妈妈的那些女人可首先登上祭坛，她们可以不流泪、不悲伤，但要珠光宝气，精心打扮。

---

① 参见格林（Grimm）的论文《尸体的火化》（The Burning of the Dead），罗思（Roth）的《印度的葬制》（The Burial in India），威尔逊（Wilson）的《印度寡妇自焚的以假当真的吠陀典据》（The Supported vaidik Authority for the Burning of Hindu Widows），以及日本人对于有关文件证据的完整翻译［载《德国东方社会杂志》（*Journal of the German Oriental Society*），卷9，第4分册］。威尔逊第一个指出该引文被篡改，把 yonim agre 变成 yonim agneh。［还可参见 H. J. 巴斯比（H. J. Bushby），《寡妇自焚》（*Widow Burning*），1855年。——编者］

这段话里"已经做了妈妈的那些女人可首先登上祭坛"的梵语原文是："Â rohantu ganayo yonim agre"，而婆罗门却把它改成："Â rohantu ganayo yonim agneh"。这一个小小的变化，却足以把许多生灵送进熊熊烈火（agneh）之中（yonim）。[1]

书归正传，我们继续探讨那个历史早期阶段。我们关于寡妇这一称呼的主张，那时的语言只能提供仅有的一点材料，但我们绝不能指望，今天在大多数雅利安语言里的"丈夫"一词，和雅利安语分化之前的"丈夫"一词，是相同的概念。在梵语里，丈夫是 pati，本意是强壮，像拉丁语的 potis 或 potens。在立陶宛语里，词形与之十分相近，即 patis，如果我们应用格林的定理，又可由此变成哥特语的 paths。此外，我们还可以在希腊语中找到 πόσις 而不是 πότις。那时，梵语里 pati 的阴性词是 patnî，而古普鲁士语 pattin（其宾格是 waispattin）、希腊语 πότνια 则无可非议地只是它的转化而已，所有的意思都是"主妇"。

丈夫在家中的角色是君主、强壮的保护者，他是其子民的王。那时，梵语里民众一词的通称是 vis，由此派生出第三种姓的称号：户主或吠舍。从这同一词根出发，我们不仅可以在梵语里找到 vesa（家），还在其他语言里找到 οἶκος（希腊语）、vicus（拉丁语）、veihs（哥特语）、wich（德语）以及现代英语中许多地点名词的词尾。因此，梵文里的 vispati 意指王，即民众的君王，这个复合词已被未分化的雅利安礼仪约定俗成作为一种称呼，同梵语的 vis-patis 和 vis-patnî 相比较，立陶宛语的 wiêsz-patis（君主）、wiesz-

---

[1] 与此情形相近，婆罗门还引用一段删改过的关于首陀罗迦王的印文剧本《小泥车》中的片段，来证明寡妇自焚的习俗。这个剧本曾被威尔逊翻译，最近还在巴黎上演了这个剧。《小泥车》共五幕七场，由 MM. 梅里（MM. Méry）和内瓦尔的热拉尔（Gerard）于 1850 年在巴黎翻译。［参见戈德斯都克（Goldstücker），《文学遗稿》（*Literary Remains*），第 199—202 页；麦克斯·缪勒（M. Müller），《人类宗教》（*Anthropological Religion*），第 259 页。可以看到，由于对 Jagan-näth 的错误理解所酿成的致命大错，葬送了无数的无辜生命。参见 T. W. R. 戴维斯（T. W. R. Davids），《希伯特讲演集》（*Hibbert Lectures*），第 33 页。——编者］

pat ene（主妇），以一种奇妙的方式把上述论点证实了。所以，在那个早期阶段，不仅有很好组织起来的家庭生活，而且家庭的概念开始被国家的概念吸收，随后这些传统的称号日益固定，在恺撒变为元首的称号之前，这些称号或许流传了两千年之久。

由于民众的另一个名字是 dâsa 或 dasyu，所以 dâsa-pati 无疑也是王的古代称号之一。然而在 vis 和 dâsa 之间有极大的差别。vis 意指民众，而 dâsa 则属于被征服的种族，不仅如此，最初还属于敌人一方。①《吠陀》里的 dasyu 一词指的是敌人，可是在《阿维斯陀》里，这个词却指殖民地或氏族，大流士王曾在其石碑中称自己"是波斯的王和殖民地的王"，所以几乎无可怀疑的是，希腊语的 δεσ-πότης 相当于梵语的 dâsa-pati，即民族之王。②然而我们却无法同意这样的说法：Hospodar（总督、大公）的称号（近来变得臭名昭彰），如博普所说，同梵语的 vispati 或 dâsapati 是同等的概念。这个词在立陶宛语中是 gaspadorus，在古斯拉夫语中是 gospod、gospodin 及 gospodar，在波兰语中是 gospodarz，在波希米亚语中则是 hospodár。然而，斯拉夫语系中的 g 与梵语中的 w 和 d 并不相对应，也不能把 pati 中的 t 变成 d。③本菲辨识出《吠陀》中的 gaspati 派生出 gospod，尽管避免了前一种错误，但却陷入后一种困境。显然，说明古代雅利安语中的这些难点，要比无视规律（它绝不能不受惩罚地加以侵犯）地总想瞒天过海好得多。

第三个用于王的雅利安通语，在《吠陀》中是 râg；在拉丁语中是 rex、regis；在哥特语中是 reiks；在日耳曼语中，至今还用的词是 reich（统治），

---

① 梵语 dasa-s 意为奴隶，与希腊语 δε-ω（捆绑）相近。参见柯尔提乌斯的著作，卷 1，第 279 页。——编者

② 在其他地方，麦克斯·缪勒倒宁愿把 δεσ-ποτης 和梵语 dám-pati 等同起来，因为 dams-pati（domuûs-potens）意为一家之主。参见《德国工作的拾零》（*Chips*），1907 年，卷 4，第 256 页。——编者

③ 参见施来彻（Schleicher）的精彩评论，《斯拉夫宗教语言的形态学》（*Formenlehre der Kirchenslawischen Sprache*），1852 年，第 107 页。

如 Frank-reich（法兰克地区的统治者）；在爱尔兰语中是 riogh；在威尔士语中则是 ri。

王或女王的第四种称号就是父亲或母亲。梵语 ganaka 意指父亲，它是从 GAN（父亲生的子女）这个词来的。在《吠陀》里，它也用作著名君主的称号。它在古德语中是 chuning，在英语中则是 king。[①] 梵语 gani 意指母亲，希腊语是 γυνή，哥特语是 qinô，斯拉夫语是 zena，英语是 queen，它们都意为母亲。[②] 所以 queen 的本意是母亲或妇人；由此再进一步观察，我们会看到家庭生活的语言怎样逐渐变化，成为古老的雅利安民族社会生活中的政治语言，以及家庭中的兄弟关系，怎样变成国家生活中的 φρατρια（妯娌）。

房子的名称，也在雅利安人分成南北二支以前就为人们所知晓了，通过比较梵语 dama、希腊语 δόμος、拉丁语 domus、斯拉夫语 domǔ、凯尔特语 daimh 以及哥特语 timrjan［建造，从这个词派生出英语 timber（用木材建造）］，可以进一步证实这一点。尽管我们可以怀疑斯拉夫语 grod 和 gorod、立陶宛语 grod、哥特语 gards、拉丁语 hort-us、希腊语 χόρτος 的一致性（它们全都意指圈起一块地[③]），但"房子"一词的一致性却是不容怀疑的。房子，就其最本质的部分来说，尤其在古代，是绑扎牢固、足以抵御敌人进攻的门。我们高兴地发现，梵语 dvar、dvâras，哥特语 daur，立陶宛语 durrys，凯尔特语 dor，希腊语 θύρα，拉丁语 fores，都保存了门（door）的古代名称。而且，"建造者"（builder 或 architect）这个词在梵语和希腊语中也是相同的：

---

① king（王）这个词与梵语的联系，比直接派生它的词更为密切。它是由 kining（盎格鲁﹣撒克逊语是 cyn-ing）即"名门之子"或"王子"这个词缩简而来的。参见 H. M. 查德威克（H. M. Chadwick），《盎格鲁﹣撒克逊的建制》（*A. -Sax Institutions*），第 302 页。然而 kin 即盎格鲁﹣撒克逊语 cynn，是来自梵语 gan 的。——编者

② queen（女王），盎格鲁﹣撒克逊语的 cwēn（女王）、哥特语的 kwēns（妇人），皆与 queen 不同，它们不是来自与 king 相同的词根。参见斯基特（Skeat），《英语语源学注释》（*Notes on Eng. Etymology*），第 235 页。——编者

③ 柯尔提乌斯在其著作第 1 卷第 286 页承认这种联系。——编者

takshan=τέκτων。希腊语 ἄστυ 可与梵语 vâstu（房子）比较，希腊语的 κώμη 可与哥特语的 haims（村庄或家园）比较。更有甚者，有些名称已涉及城市的悠久历史，如梵语中城镇是 puri，希腊语则用 πόλις 来称呼；就是公路在那个时代，也非罕见之物，如梵语的 path、pathi、panthan、pâthas，这些名称皆指道路。博普深信，希腊语 πάτος，哥特语 fad，拉丁语 pons、pontis，以及斯拉夫语 ponti，它们的意思是一致的，全都意指道路。

无可怀疑的是，每个新词都会使我们的争论有增无减，但是如果要逐一考察这些语言的遗迹，足以使我们写出一卷大部头的著作。当然，由这些古老而悠久的雅利安人思维的遗迹，可以再建一座新的丰碑。然而，仅就我们全面研究过的证据来看，足以说明能够创造这些词汇的民族——这些语词已汇入时间之流，冲击着众多民族的海岸——不可能是个蒙昧未化、仅仅从事游牧狩猎活动的民族。不仅如此，还可以在所有雅利安方言里看到大量的与追逐、交战相关的词汇。而那些与比较和平的状态相关的词，一般属于雅利安语言的遗留语。对其共通意义的事实进行恰当的探讨必将表明，尼布尔对希腊语和拉丁语所做过的那一类评论，如今却要求做出与此伟大学者曾提出的观点如此不同的解释（也与其他较狭隘的观点截然有别）。这还表明，雅利安民族是在度过一个长久的和平生活时期之后才分化的，在此之后，他们的语言获得了个性和民族性，每个殖民群体开始寻找新的家园——新的几代人在挺进迁徙的生活中，形成了与尚武和冒险相关的许多新词。因此，不仅是希腊语和拉丁语，而且是所有雅利安语都有共同的关于和平生活的词；也正因如此，它们表达其尚武精神的词，又是如此奇妙地彼此相异。所以，在英语和印度语中，家畜的名称大致相同，而野兽则名称各异。这种情形，在希腊语和拉丁语中也不例外。在此，我只能做一个简表，虽然对其根本意义做专门的研究会更有助于人们看到雅

弗朗西斯科·阿尔巴尼（Francesco Albani，1578—1660）作品《亚当夏娃在伊甸园》，叶舒宪 2014 年摄于比利时皇家美术馆

利安民族思想境界的活的见证，更有助于理解他们原始的家庭生活，但若详加解说，势必花费许多时光，而且会陷入所有这些词汇的词源学的构词分析。

虽然有些野兽是雅利安民族在分化之前就已了解的，但在后来，人们分别在亚洲和欧洲都遇到了熊和狼。此外，还有蛇。

表 5

英语	梵语	希腊语	意大利语	条顿语	斯拉夫语
Bear（熊）	riksha	ἄρκτος	ursus		
Wolf（狼）	vrika	λύκος	lupus（v）im pus	vulfs	wilka
Serpent（蛇）	ahi sarpa	ἔχις（ἔγχελυς）ἔρπετον	anguis（anguilla）serpens	ungury	R. ûgorj

我们不必仔细研究那些已部分驯化的动物和其他始终（当时和现在）是牧人及其畜群天敌的各种动物的名称，而是深入地提出几个词来研究。这几个词将说明，在早期畜牧生活中，并非没有最原始的技艺，如耕作、碾磨、编织以及使用宝贵而有效的金属制品。

"耕作"一词的最古老形式是 AR，在拉丁语 arare（耕地）、希腊语 ἀροῦν（耕地）、古高地德语 aran（抽穗）、古俄罗斯语 orati（耕地）、立陶宛语 arti（耕地）以及高卢语 ar（耕地）这些词身上，都有它的印记。从这个动词出发，人们形成了有关耕作的共同名称，如希腊语 ἄροτρυν，拉丁语 aratrum，古撒克逊语 erida，古斯堪的纳维亚语 ardhr，斯拉夫语 oralo、oradlo，立陶宛语 arimnas，以及康瓦尔语 aradar。'ἄρουρα 和 arvum 可能来自同一词根。但是较共通的田野的名称却是梵语 pada，希腊语 πέδον，翁布

表6

英语	梵语和阿维斯塔语		希腊语	意大利语	条顿语	立陶宛语	斯拉夫语	凯尔特语
Cattle（牛）	pasu	pasu	πῶυ	pecu	G. faihu O. H. G. fihu	Pruss. pecku	...	...
Ox and cow（公牛与母牛）	go (nom. gaus)	gâo	βοῦς	bos	O. H. G. chuo	Lett. gohw	Slav. govjado	...
Ox（公牛）	ukhshan	ukhshan vakhsha	...	vacca?	G. auhsan	...		W. ych
Steer（小公牛）	sthūrá	stavra	ταῦρος	taurus	stiur	...	tour	[Ir. tardh]
Heiter（小母牛）	stari	...	στεῖρα	(sterilis)	stairo	...	...	...
Horse（马）	âsu asva	aspa	ἵππος	equus	G. aihus	aszwa	...	W. osw
Foal（驹）	...	...	πῶλος	pullus	G. fula	...	...	...
Dog（狗）	svan	spâ (σπάκα)	κύων	canis	O. H. G. hund	szu	R. sodaka Bulg. kuce	G. cu
Sheep（羊）	avi	...	ὄϊς	ovis	G. avi-str E. ewe	awi	Salv. ovjza	...

英语	梵语和阿维斯塔语		希腊语	意大利语	条顿语	立陶宛语	斯拉夫语	凯尔特语
Calf（犊）	vatsa	…	ĭταλος	vitulus	…	…	…	…
He goat（公山羊）	…	…	κάπρος	caper	O. H. G. hafr	…	…	［Gr. gabhar］
She goat（母山羊）	agâ	…	αἴξ	…	…	ozis	…	G. aighe
Sow（大母猪）	sû（kara）	…	ὗς	sus	O. H. G. sû	…	svinia	…
Pig（小猪）	prishat	…	πόρκος	porcus	O. H. G. farah	parszas	Pol. prosie	［Ir. (p)'ore］
Hog（大猪）	grishvi	…	χοῖρυς	…	O. N. gris	…	…	…
Donkey（驴）	…	…	ὄνος	asinus	asilo	…	…	…
Moase（鼠）	mûsh	…	μῦς	mus	O. H. G. mûs	…	Pol. mysz	…
Fly（蝇）	makshikâ	…	μυῖα	musca	O. H. G. micco	musse	R. mucha	…
Goase（鹅）	hansa	…	χήν	anser	O. H. S. kans	zasis	Boh. hus	G. ganra

利亚语 perum，波兰语 pole①，撒克逊语 folda，古高地德语 feld、field，或者是希腊语 ἀγρός，哥特语 ager、akrs。

在亚洲生长的谷物和后来雅利安民族在北部地区耕作的谷物，不可能是完全相同的。然而，有些名称却保存下来，它们即使不是完全相同的，至少也有某种近似的植物学特征。诸如梵语 yava、阿维斯塔语 yava、立陶宛语 jawas，在希腊语里肯定变成了 ζέα。梵语 sveta 意指白色的，和哥特语 hveit，古高地德语 huiz、wiz，盎格鲁－撒克逊语 huît，以及立陶宛语 kwêtys 相一致。颜色的名称变成白色谷粒的名称②，因此有些学者把哥特语 hvaitei、立陶宛语 kwec′io、英语 wheat 和斯拉夫语 shito、希腊语 σῖτος 相比较。谷物的名称最初意味着埋到地下和放到地上。所以我们不应怀疑，从与梵语 kurna（土地）相同的基本要素出发，派生出俄语 zerno、哥特语 kaurn 以及拉丁语 granum。在立陶宛语里，girna 是磨石，而复数 girnôs 却是手推磨。俄语称磨石为 shernov，哥特语称磨为 qvairnus（后来是 quirn）。英语中磨（mill）的名称同样是值得重视的古代遗迹。它不仅存在于古高地德语 muli，而且存在于立陶宛语 malunas、波希米亚语 mlyn、威尔士语 melin、拉丁语 mola 和希腊语 μύλη 之中。

我们还可以再举出一些烧煮和烘烤的名称，以及 flesh（肉，和非肉相区别）和 meat（肉，可食用的肉）的早期区别，从而表明：后来人们（如《吠陀》诗人）所表现的对吃生肉部落的共同厌恶感，早在那个非常原始的时期，他们就已觉察到了。

kravya-ad（κρέας-έδω）和 âma-ad（ὠμός-έδω）是用来称呼野蛮人的名词，

---

① 这个词及后面的词同前面那些词并无联系。——编者

② 试比较威尔士语 gwenith（小麦）和 gwen（白），意大利语 scandella、西班牙语 escandia（一种小麦）可能来自拉丁语的 candidus（白），ἄλφι、ἄλφιτον（大麦粉）来自 ἀλφός（白），古法语 blanc（白麦）与 nielle 或 nigella（麦仙翁）相对，波斯语的 chîd（小麦）和梵语 cvind（白）有关。但爱尔兰语 cruith-neacht（小麦）却是红的。——编者

在印度还流行着同希腊语 ὠμοφάγοι（吃生肉的）和 κρεωφάγοι（吃肉的）一样令人恐怖的名称[1]。然而我们只能到此为止了，转而探讨使人类生活的古老图景充满欣慰的另一机缘。[2]

由于在所有雅利安民族中，衣服的名称是相同的：梵语 vastra、哥特语 vasti、拉丁语 vestis、希腊语 ἐσθής、凯尔特语 gwisk，我们就可把这一点归之于雅利安人的祖先已掌握了缝纫和编织的技艺，这看来是可行的。在梵语里编织是 ve，其使役形式是 vap。和 ve 相一致的，有拉丁语 vieo、希腊语 Γή-τριον 的词干；和 vap 相一致的，有古高地德语 wab、英语 weave、希腊语 ὑφ-αίνω。

在梵语里，缝纫是 siv，由此派生出 sûtra（穿针引线）。同样的词根保留在拉丁语 suo、哥特语 siuja、古高地德语 siwu、英语 to sew、立陶宛语 suwú、斯拉夫语 shivu、希腊语 κασσύω 或 κατασύω 之中。另一个与此意义非常相近的梵语词根是 NAH（新），而且以 nabh（织）和 nadh（纹）的形式一直保存下来。从 nah 出发，我们找到拉丁语 neo（新）和 necto（链接），希腊语 νέω（新），德语 nâhan（链接）和 návan（缝纫）；从 nadh 出发可找到希腊语 νήθω（纹理）；而从 nabh 出发则可找到梵语 nâbhi（织工）、nâbha（织工）或 ûrnanâbha（蜘蛛，字义是羊毛纺织工）[3]。

再举第四个词根的例子，这个词根最初看来也有专指缝纫和编织的意义，但后来它在梵语里有了较一般的制作之意。这就是 rak，它或许和希腊语

---

① 印第安人用"吃生肉的人"来称呼因纽特人。参见佩恩（Payne），《新世界》（New World），卷 2，第 350 页。——编者

② 对此问题的充分讨论，参见阿道夫·皮克特（Adolphe Pictet），《印欧语即原始雅利安语的起源，语言古生物学论文》（Les Origines Indo-Européenes, ou les Aryas Primitifs, Essai de Paleontologie Linguistiques），两卷本；O. 施拉德（O. Schrader），《雅利安民族的史前风俗》（Prehistoric Antiquities of the Aryan People），1890 年。——编者

③ 试比较 wever（织工、织物），这是英国威斯克斯人称呼蜘蛛及蜘蛛网的一个词。蜘蛛本身就是一个"织工"。——编者

ῥάπτω 一致（意为缝在一起或编织）；不仅如此，它或许还是蜘蛛的另一个称呼，与此相应的，有希腊语 ἀράχνη、拉丁语 aranea；同时它还被用作编织羊毛制品的经典名词，与此一致的希腊语是 λάχνος 或 λάχνη，拉丁语是 lana。

雅利安民族在分化之前，就已掌握了某些非常重要和有效的金属制品，但却只有非常少的几个词可以证明这一点，因为大多数金属制品的名称，在不同国度里是不同的。[①] 然而不容置疑的是，铁器已被人们运用于生活，不论防御还是进攻，人们都已认识到它的意义。无论古代雅利安语中铁的名词是什么，有一点是十分清楚的：梵语 ayas，拉丁语 aheneus 中的词干 ahes，以及这个词的缩合形式 aes、aeris，哥特语 ais，古高地德语 er，英语 iron，这些词都是从一个模子里铸出来的，只不过由于各国风土不同略加蚀变而已。其他早期金属制品的名字，如金银的名字，经过无数代人之手已损益不少，但我们依然可以在凯尔特语 airgiod 中发现梵语 ragata、希腊语 ἄργυρος、拉丁语 argentum 的踪迹；甚至在哥特语 gulth（金）与斯拉夫语 zlato、俄语 zoloto、希腊语 χρύσος、梵语 hiranyam 的比较中，也可以觉察到它们的相似性，所不同的只是词尾各异罢了。梵语词根 harat，看来是从 harit（太阳和曙光的颜色）来的，正像 aurum（金）和 aurora（曙光）来自同一词根一样。那时已使用的铁器具，无论用于和平的还是战争的目的，都保持了它们的原始名字，如若留心，就会发现梵语 parasu（斧头）和希腊语 πέλεκυς（斧），梵语 asi（刀剑）和拉丁语 ensis（军刀）有着惊人的一致性。

直到现在，人们的新想法也不会立刻获得进展。因此，只有借助渐进而细致的事实积累，我们才有可能在这种语言学证据的基础上，在雅利安世界已知最古老的各方言起始之前，建立起人类历史的一个实实在在的时代——既早于希腊语的形成，也早于梵语的诞生——早于希腊人第一次到达小亚细

---

① 参见 N. 乔利（N. Joly），《金属时代前的人类》（*Man Before Metals*），1883 年。——编者

亚海岸，看到一望无垠的大海，看到西北的田野并把它叫作欧罗巴的时代。下面，我们考察另一个证据，对它的否定论证将是非常重要的。在那个早期的时代，雅利安民族的祖先肯定占据了亚洲腹地。从那以后，南部各支进入印度，北部各支进入小亚细亚和欧洲。所以可以推论在他们分化之前，不可能知道海的存在。由此，如果我们的理论正确，那么海的名词一定是后来才形成的，而且在雅利安各方言中也各不相同。这个期望已被较充分地证实了。我们确实发现在希腊语和拉丁语中，海的名称基本一致，而在雅利安民族南北两支中，就找不到这种一致性。甚至在希腊语和拉丁语中，这些名称明显地属于隐喻的表达，它们都是古代语言中的东西，现在转而指谓这种新的现象。pontus 和 πόντος 意指海，当荷马说 ύγρὰ κέλευθα 时指的也是海，而 pontus 则和我们说过的 pons、pontis，以及梵语 pantha，或许还有 pâthas 同源。海在这里并没有被称为屏障，而是被称为路——比其他路径更利于贸易和旅行。柯尔提乌斯教授曾指出，希腊语中诸如 πόντος ἁλὸς πολιῆς（深沉的海）和 θάλασσα πόντου（宽阔的海）这些表达方式，就是在希腊人看来，也表达了最初引进 πόντος 的意义所在。[①] 所以，像梵语 salila、拉丁语 sal 以及希腊语 ἅλς、ἁλός 这类词，不可能用来证明早期雅利安人已经对海洋有所了解。他们可能已经知道盐的用途（这可通过 ἅλς、sal 和 salila 得到证明），但这些词用来指海洋却是后来的事。这种观点同样适合于拉丁语 aequor、希腊语 πέλαγος 这类词。θάλασσα 长期以来被认作 θάρασσα 或 τάρασσα 的方言形式，表示大海的浊浪排空（ἐτάραξε δὲ πόντον ποσειδῶν），而且，如果拉丁语 mare 和梵语 vâri 相同（vâri 不是指海，而是指一般的水），那就可以进一步证实：当雅利安人各自确定他们对海的称呼时，用的全是这

---

①参见库恩（Kuhn），《比较语言学杂志》（*Journal of Comparative Philology*），卷1，第34页。柯尔提乌斯教授曾提出下列等式：πόντος : πάτος = πένθος : πάθος = βένθος : βάθος。

个词的意义。但是，mare 极可能是死水或污水的名字，就像梵语 maru（荒漠）来自 mri（死）；虽然它和哥特语 marei、斯拉夫语 more、爱尔兰语 muir 一致，但所有这些词用来指海洋全是后来的事。[①] 然而，尽管雅利安人在其共有语言分支为不同方言之前从未见过海洋，但却熟知航行技术。桨和舵可以在梵语里溯源，而船的名字在梵语（naus、nâvas）、拉丁语（navis）、希腊语（ναῦς）和条顿语（古高地德语 nacho、盎格鲁－撒克逊语 naca[②]）中是一致的。

要想遍览迄今收集到的所有证据，几乎是不可能的，假如条件允许的话，这些证据会极大地增长，[③] 那就不会感到这些词是某种实在语言的片断遗迹了——这种语言曾一度由一个统一的种族持有，而这个时期就是当代的历史学家也不敢贸然承认它是真实的，只有犹太人写的《圣经》除外。但是现在我们手里掌握了那个遥远时代的遗风遗物；我们正讲着雅利安民族祖先们讲过的相同语言，只是受了浊音的影响而有所变化；不仅如此，我们还像认识到法国人和意大利人同古代罗马人的关系那样，在思想上和语言上同它们联系起来。假若还想得到有关这一时代真实性的更为充分的证据——它必定早于雅利安种族的分化——我们还可举出雅利安语中的数词，作为那个时期以其长久持续的理智生活为特征的、不可辩驳的证据。这是一种十进位的计算方法，或许，它是人类思维基于数量的抽象概念，靠哲学的分类精神而条理化所取得的最富有奇迹性的成就。而这种计算方法在希腊人、罗马人、斯拉夫人或条顿人踏上欧洲沃土之前，就已经孕育、成熟和完成了。这样一个计

---

① moor 很可能是指死亡的不毛之地，与波斯语 meru（荒漠）、梵语和古波斯语 mara（死）相似；参见盖格（Geiger），《人类种族的发展》（*Development of Human Race*），第 154 页；C. F. 吉尔里（C. F. Krary），《原始信仰》（*Primitive Belief*），第 276 页。比较冰岛语 blá-mœr=blue-moor（海），维格夫松（Vigfussion），第 67 页。——编者

② 盎格鲁－撒克逊语的 snacc 指小帆船。——编者

③ 格林的《德语史》大量收集雅利安的共同语汇。艾科夫最先把它们用于历史学的目的；但从那以后，最有用的贡献要数温宁（Winning）［《比较语言学手册》（*Mannal of Comparative Philology*），1838 年］、库恩、柯尔提乌斯和福斯特曼。而在博普（Bopp）的《词汇表》（*Glossary*）和波特（Pott）的《语源学研究》（*Etymologische Forschungen*）中可找到最新的材料。

古埃及神话图像阴间审判，叶舒宪 2004 年摄于中国国家博物馆埃及国宝特展

数体系只能在一个非常小的社团里形成，它不是由于语言的分化，而是需要约定俗成，以便给 1 到 100 的数量命名。让我们尽可能地想象一下，即便在现在的条件下，突然让我们发明一些新名称来命名 1、2、3，那我们会面临什么任务呢？这就是如何构成和固定这些名称。我们可以轻易地提出物体的新的表达方式，因为它们总有某些能够用语言隐喻地或拐弯抹角地表达出来的属性。我们可以把海称作盐水、雨水、天水、百川千江、大地的女儿等。但数词由于自身的本性，却属于抽象和空虚的概念，人们绞尽脑汁，千方百计寻找它们内在的属性，以便赋予某种表达方式，使之在时间的长河里变成纯粹数量观念的适当名称。① 或许，正因为命名 1 和 2 的困难不多，所以在雅利安语言中，这两个数字获得了不止一个名字。可是这种重叠只会造成疑难，因为如若人们允许使用不同的名称表达相同的数量，那么这些名称所代表的东西，就会令人感到不知所云。如果 5 可以用意指张开的手的词来表达，也可用简单的手指的复数来表示的话，那么这两个同义词，对任何出于交流思想的目的，都不会有什么益处。假如一个既指手指也指脚趾的词，既可用来表示 10 也可用来表示 5，那么所有在不同意义上使用同一名词的个人之间的一切贸易，都是不可能的。因此，为了形成和固定一系列表达 1、2、3、4 等的词汇，雅利安人的祖先必须就一个词只能表达一个数、一个词只能有一义，取得正式的一致意见。这并不涉及其他词的情状，可以看到，每一种古

---

① 戈德斯都克教授曾试图对梵语数词做下述分析：1= 他；2= 多样性；3= 那边的东西；4=1+3；5= 跟在后面；6=4+2；7= 其次的；8= 两个 4；9= 跟在后面的东西；10=2+8。还可参见 W. H. 费拉尔（W. H. Ferrar），《梵语、希腊语和拉丁语的比较语法》（*Comparative Grammar of Sanskrit, Greek, and Latin*），第 306—309 页。

由此可试图把亚述语数词解释为：1.khad= 手；2.sin= 重复、双数；3.salas= 后面的；4.arbà（rabā）= 增加、成语；5.khames= 拳头；6.sis= 另一只手；7.siba= 大于 6；8.śam-na=6+2；9.ti-si（t）=10-1；10.esru= 双手紧握。参见柏林（Berlin），《〈圣经考古学〉译本》（*Trans. Bib. Archæolog. Soc.*），卷 7，第 370 页。在 R. 埃利斯（R. Ellis）1873 年的《作为人类原始团体符号的数词》（*Numerals as Signs of Primeval Unity among Mankind*）中可找到进一步的专门材料。也可参见 G . 亨普尔（G. Hempl），《人文科学评论》（*Classical Review*），1902 年卷。——编者

代语言中一词多义和多词同义的现象比例都很大，并且以此为特征——语言在文学和实践运用中的耗损与撕扯，只能减少早期语言发展起来的丰富程度，从而使每个物体只有一个名称，而每个名称只有一种权力。雅利安语数词所需做到的这一切，必须在希腊语成为希腊语之前就完成。只有如此，我们才能解释下面这个表所展现的一致性。

表 7

	梵语	希腊语	拉丁语	立陶宛语	哥特语
1	ekas	εἷς (ὀίνη)	unus	wienas	ains
2	dvau	δύω	duo	du	tvai
3	trayas	τρεῖς	tres	trys	threis
4	katvâras	τέτταρες (Aeol., πισυρες)	quatuor (Oscan, petora)	keturi	fidvôr
5	panka	πέντε	quinque (Oscan, pomtis)	penki	fimf
6	shash	ἕξ	sex	szeszi	saihs
7	sapta	ἑπτά	septem	septyni	sibun
8	ashtau	ὀκτώ	octo	asztuni	ahtau
9	nava	ἐννέα	novem	dewyni	niun
10	dasa	δέκα	decem	deszimt	taihun
11	ekâdasa	ἕνδεκα	undecim	wieno-lika	air-lif
12	dvâdasa	δώδεκα	duodecim	dwy-lika	tva-lif
20	vinsati	ἔικοδι	viginti	dwi-deszimti	tvaitigjus
100	satam	ἑκατόν	centum	szimtas	taihua taihund
1000	sahasram	λίλιοι	mille	tukstantis	thusundi

　　即使我们不承认法语、西班牙语、意大利语、葡萄牙语、瓦伦西亚语中的数词一致来源于一个共同的模式——拉丁语，对古代数词的比较研究，也

会迫使我们接受同样的结论。它们肯定存在于某种既成的古老语言（威尔士语和梵语也都是这种语言的派生物）之中，但是这些数词只到百的单位为止。在那个早期时代，还未形成千的表达方式，因而千的名称是不同的，但在表中并没有把它排除在外，是想通过其不一致性，说明它是雅利安民族后来历史的产物。我们可以看到，梵语和阿维斯塔语中千的名称相同（梵语 sahasra，阿维斯塔语 hazanra），这说明南部一支和北部一支分散后，婆罗门教徒和琐罗亚斯德教徒的祖先继续使用共同语言，一起生活了一段时间。同样的结论也可以从哥特语 thusundi、古普鲁士语 tûsimtons（acc.）、立陶宛语 tukstantis、古斯拉夫语 tüisasta 之间的一致性中得出，希腊语和罗曼语则各自独立地形成千的名称。

我把这个早于任何民族分化的最早时期称为"创作神话"的时代，因为这种共通的雅利安语的每一个词在确定意义上都是个神话。这些词最初都是用来定名的；它们表达了特定对象具有的诸多属性中的一个特征，这些特征及其语言表达，经过选择淘汰，表现为一种无意识的诗歌，而这种诗意在现代语言中已经丧失了。

语言被称作诗歌的化石。但是，正像一位艺术家不知道他正在抚摸的陶片的意义在于它包含着人类生活的遗迹，当我们称某人为父亲时，也不知道我们正把他称作保护者；就是当今的希腊人在运用 δαήρ（姐夫、妹夫）一词时，也不知道这个词最初只用于丈夫的弟弟，当哥哥到地里和森林里干活时，他（或他们）就和新娘留在家里。梵语 devar 最初意指伙伴[1]——这本身就是个故事——它是个神话；但在希腊语中，它却缩小为仅仅是个名称，或是一个术语。然而，即使在希腊语里，δαήρ 也未能形成其阴性名词，正像我们至今

---

① 与希腊语 δαϝήρ（玩，见柯尔提乌斯的著作，卷 1，第 275 页）同样来自词根 div 的是拉丁语 lerir。字母 d 和 l 经常互换，如拉丁语的 lika（10）和希腊语的 δεκα，lacru-ma 和 δάκρυ，dingua 和 lingua，ulysses 和 Ὀδυσσεύς，odor 和 olfacio，prcesidium 和 prcesilium。——编者

未能形成 daughter（女儿）的阴性名词一样。

然而，各支语言很快就失去其语源上的道德意义。正因如此，我们在拉丁语里不仅找到了 vidua（没有丈夫的），而且找到了 viduus——如果对之做语源分析，它是和条顿语 widower（鳏夫）一样荒谬的构形。但又必须承认它，因为古拉丁语 viduus[①] 也是俄耳古斯（Orcus）的一个名字，在罗马城外还有他的一座神殿，然而不论 vidua 和梵语 vidhavâ 多么相似，两者是否真的等同还值得怀疑；除非我们承认动词 viduare 源于 vidua，后来又形成带有较一般意义的形容词，因而在罗马人看来，viduus 除了意指生活穷困之外，别无他意。

然而人们也许会问：雅利安语言所具有的共通的古代名称这笔财富的事实，或者说在发现所有这些名词原初都有某种富于表现力的和诗意的力量之后，我们怎样解释这个民族各成员的神话学语言现象？人类思维在这一阶段产生一些神和英雄的故事——以及丑陋可怕的女人和怪物的故事——这都非人类眼力所及和人类清醒时不能获知，这类事实如何阐说明白？

在回答这个问题之前，我们必须就词的构形做些初步的评论。这或许显得冗长乏味，但我们相信，由于进行这种思考，神话学方面的迷雾将逐渐消退，人们看到思想和语言黎明时期的浮云背后，长期隐而不露的神话学的真谛。

我们迄今所探讨的有关确定对象的所有共通的雅利安语言，在表达某种实质性的东西和激发某种引起美感的概念等方面，都是独立存在的。除了作为名词表现对象、作为动词表示某种性质之外，它们没有任何其他的语言功能。因此，我们只能给那个早期时代的语言做下述定义：它是用声音表达的意识，又是所有感官获得的印象。

对我们来说，抽象名词如此熟悉，以至我们难以意识到，人们在创造它

---

① 哈通（Hartung），《罗马宗教》（*Die Religion der Römer*），卷 2，第 90 页。

们时所经历的困难。我们难以想象没有抽象名词的语言。然而，在现存的方言中，就有不存在抽象名词的，而且，我们越是回溯语言的历史，这类有用的表达方式的数量就越少。在所能涉及的语言范围里，一个抽象名词仅仅是把一个对象抽象为一个实体，但在思想中要把性质的概念作为主体，却是极其困难的事情。就严格的逻辑语序说，这也是不可能的。假如我们说"我爱美德"，实际上丝毫没有涉及任何有关美德的具体观念。美德不是一个实物，它不能独立存在；它不是单个的、人格的、主动的东西；仅靠它自己不能形成任何我们大脑可表达出来的印象。"美德"这个词只是个缩略的表达形式。当人们第一次说"我爱美德"时，这句话所表达的原意是"凡是有美德的东西我都喜爱"。

但是还有另外一类词，我们几乎不能说它们是抽象的，可就其形式来说，它们不仅起源很古老，而且至今依然非常有作用，这就是白天与黑夜，春天和冬天，黎明和黄昏，暴雨和雷鸣等。如果我们说白天和黑夜或说春天和冬天时，意味什么呢？或许可以回答说，这是指季节或时间的一部分。但什么是时间？我们的时间概念又是怎么回事？时间不是独立存在的事物，它也没有个性；它是一种性质，借助语言而变成一种实体。所以，当我们说"东方破晓"或"夜幕降临"时，我们实际上是在指一种不能有任何作用的作用，如若进行逻辑分析，则是承认一个没有任何可确定主体的命题。

这个观点同样适用于集合名词，如天、地、露、雨，甚至还包括河流、山岳。因为当我们说"大地养育了人"时，我们并不是指哪 部分确切的土地，而是大地——作为整体获得的概念；当我们说天时，也不是指我们目力所及的视野。人们的想象不能纳入感官的东西，不论我们把它称作整体、一种能力，或是唤作一种观念，在我们的言语中，都无意识地把它变成某种独立存在的东西。

既然在古代语言中，这类词的每一个都必然有其表示性的词尾，那在头脑里也自然会产生性的观念，因而这些词不仅获得个性，而且获得性的特征。那时没有既非阳性也非阴性的实体，中性词是后来的产物，区别主要存在于主格形式。

由此得出的必然结论是什么呢？自从用语言思维以来，人们在说早、晚、春、冬时，不使这些概念带有个体性、主动性、性别以及人格这些特性是不可能的。这对于我们脑海中现已凋谢的思想来说是格格不入的，因而显得毫无意义；可在当时，只能把它们看作有能力的实在事物，不能把它们仅仅理解为某种能力。即便今日，纵使我们有了表达能力性质的概念，但能力这个概念，除了意指有能力的事物之外，还意味着什么呢？因而在早期语言里，自然就是自然（nature was Natura），一个纯粹的形容词就是一个独立存在的实体；自然，它是个"一直生产"的伟大母亲。这个观念难道不比我们有关自然的任何概念都更为确切吗？让我们看看诗人们，他们一直用语言思维体察事物，即他们若不在头脑里使语言生机勃勃，就一个字也写不出来，他们不是在玩弄语言，而是在某种意义上可以称作说故事的人（μυθολογοι）。没有这种充沛的情感，诗人们怎能谈论作为中性力量的自然以及熟悉的事物呢？让我们欣赏一下华兹华斯的诗歌吧，不难从中发现，他所用的抽象术语每一个都饱含生机和血气，充满生气。

宗　　教

神圣的宗教，仪式与敬畏之母，

她是变化之物的令人敬畏的仲裁人，

当旧的仪式毁灭之后，新的仪式又应运而生，

或许是因为她不再满意变节的崇拜者。

冬　天

人类，高兴地看到她自己的衰老有了一个极好的影像，

冬天像一位步履艰难的老人，

拄着拐棍，在阴沉沉的天下行走，

披裹着斗篷、蹒跚踱步，

好像痛苦更扰乱了他的虚弱，

或者就像一个想象中的武士本应得到无可争议的统帅象征，

他挑选的权杖是枯萎的树枝，

松软地握在颤抖的手中。

这些象征适于那些孤独无援和被遗弃的；

然而强大的冬天应当轻视纹章。

因为他是，令人可畏的冬天！他包围一切，

派出旋转的先锋，接踵而来的是他那森严的罗网，

他的权杖横扫之处万物畏缩，

这位主人疯狂地想达到空无一物的目的——

这位主人如此巨大和强劲，居然敢蔑视他们的上帝！

把自己的职守也用于骄傲的人类！

就像父亲控诉造反的儿子，

他猛击年轻武士们的花朵；

他指派冰冻张开无情的利齿①，吞噬人类艰苦积攒的一切……

他吩咐大雪覆盖一切，吩咐战争骑马上阵。

---

① 参考寒风刺骨（frigora mordent）[参见贺拉斯（Horace），《讽刺诗集》（Satires），卷2，第6章第45节）和冻伤（frost-bite）]。——编者

时间与年龄

年龄！用春天的鲜花编成你的眉毛，

唤来一长列欢笑的小时，

吩咐他们跳舞、唱歌，

而你，也混进这欢乐的圆圈。

华兹华斯写这些诗时，根本没有想到贺拉斯的古典文学研究，但时间女神跳舞的概念，却像古代诗人一样自然地闪现在他的脑海里。

我们再举他的《暴风雨和季节》来看：

暴风雨，到处传播你的王的荣耀！

而温和的季节——一片阳光明媚的风土，

中转点，来到高高的山岗上，时间之交，

正在高兴地观看——看到欢乐的旋转，

冬天的凯旋之歌是如此的响亮和长久。

我们习惯于把这叫作诗意，而且认为这中间有夸大其词的味道。但对诗人来说，这绝非夸夸其谈，古代诗人更不是这样看的。诗歌比散文更为古老，且散文那纯理论的说话方式其实比诗人对大自然的赞美更难理解。它要求反映（认识）脱去其活生生的自然外衣，因而在飞云中只看到薄雾，在山峦中只见到堆积的石头，在电闪雷鸣中只看到电击作用。华兹华斯在大声咏诵"高山、溪谷、百川之水，我呼唤你们一同分享这轻蔑的激情"时，他感受到了他所说的东西；而当他说"最后一座小山和落日会谈"时，表明他和自然融为一体。这是一种到如今还不能翻转成我们传统的和憔悴的会话散文的思想，也是古代人在其共通的会话中保持的一直不曾有羞惭之感的思想。

这位当代"古人"的某些诗句完全是神话学的，由于我们在后面还要论述它们，我应给出一个精选的例子做说明，它无论对于一位印度人，还是对于一位古希腊人，都较之对我们而言更易于理解。

好啊，黑夜的东方征服者！

你能产生感恩的幸福，

在夏天，无论怎样无情和残酷，

你都准时地重击各地君主建的崇高塔，

或者，你这公正的太阳，满身明亮的风采，

快活地出现在农民小屋的低槛上！

我不无高兴地看到你爬上蓝天，

在赤裸的光辉里，乌云四散，丽日当空，

即使在冬天也可证实你的力量和威严，

令人炫目的目光毫无阻碍地扫视一切。

你的露面宣布一天的到来；

又以最适中的脚步服从链条——它约束你遵循上帝规定的路径！

在和天地共处一日后最终离开它们！

即使在冰天雪地的寂静中也是一样——

完全沉默，在天极那边是优雅的沉默，

像雪一样白（他那沉静的华丽和无瑕的纯净，正是我们降服的

风暴前奏）——一天的工作完成了。

使临终之人睁开双眼的最神圣之物在你手中；

你照在白雪皑皑的山顶，洒下柔和的光芒，

埃及女神芭斯泰特（Bastet）化身为猫，叶舒宪 2004 年摄于中国国家博物馆埃及国宝特展

但也没有忘记低矮的溪谷；

你温暖着整个大地，因为你的慷慨使虔诚的古人不能不崇拜你，

啊，心情愉悦的太阳，我再一次向你欢呼！

明亮是你今天的风采，但愿你青春永在！①

那么，为什么当我们自己说太阳或风暴，安睡与死亡，大地和黎明时，既没有完全独立的观念与这类名称相关，也没有让它们在我们的脑海里留下如在古代诗人那里的倩影呢？为什么当我们发自内心地热情呼唤风、太阳、海洋和蓝天时，好像它们能听到我们的声音呢？为什么不赋予它们某种人类的形式，至少是赋予它们人的生命和人的情感？我们的富于创造力的思维，为何就不能再现任何事物和能力呢？如果让古代人去掉现代思想的灰色线条，他们自会展现出生机勃勃的被赋予各种人类或非人类能力的自然形式——因为，阳光比人的目光更明亮，暴风雨的吼叫比人的呼喊更响亮，古代人这种随生活脉搏一起跳动且富有绚丽色彩的语言，为什么使我们感到惊异不已？我们可以解释雨和露水的起源，也可以解释雷和风暴是怎么回事；然而对绝大多数人来说，所有这些事物，除了作为名称以外，还是荷马曾理解的东西，只是或许不那么美，较少诗意，较少真实感，缺乏生气罢了。

人类思维在谈论集合观念和抽象观念时所遇到的难点非常多，其中的难点之一（我们将看到）能阐明神话学的许多困难。现在，我们考察古代语言的另一共通的特征——助动词。它们像各种实体中的抽象名词一样，在动词中占有同样的位置。它们形成较晚，而且最初全都具有较具体的和较有表现力的性质。这些助动词在变成枯萎的、较少生气的形式——以便适于人们的抽象的散文的要求——之前，必定经过一系列的变迁。habere 这个词，现

---

① 《感恩颂诗》（*Thanksgiving Ode*），1816 年 1 月 18 日，参见导言。——编者

在还用于所有罗曼语系中，它只是表示过去的时态，j'ai aimé（我爱）最初意指紧握或阻止，这个词的派生词是 habenæ（缰绳），而在西班牙语中，tenere（握持）变成一个助动词，其功用和 habere 一样。希腊语 ἔχω 和梵语 sah 一样，原意为强壮、能够。拉丁语 fui（我曾是）、梵语 bhû（存在）与希腊语 φύω（我是）一致，说明即使在现在，它依然表明其本源的物质生长能力的含义。梵语 as-mi（我是）的词根与希腊语 ἐμ-μί（我是）、立陶宛语 as-mi（我是）一样，可能和另一个词根 as（坐和站立不动）有关，比如在希腊语中可看到 ἦδ-ται，在梵语中可以找到 âs-te。stare（站立）到罗曼方言时期已经化为一个助动词，正像 j'ai été（我一直是）就是 habeo statum（我一直站着）一样；j'ai-été convaincu 即 I have stood convinced（我一直确信）；statum 的语音变成 été，这一点 status 到 état 的变化可以证明。现在还用于将来时和过去时的德语 werden、哥特语 varth，反过来指明了梵语 vrit 和拉丁语 verto 的作用。he will go（他将去）中的 will，已失去其希望之本意，同样，用于将来时态的 I shall go（我应去）中的 shall，甚至对语源学家来说，其原有的法律力量和道德义务的本意，也所剩无几了。然而，德语中的 schuld（欠债和犯罪）、soll（借方）也没有变成仅仅表示时态的词。在条顿语的命运之女神的名字里，可以发现最为重要的线索。这三位女神叫作 Vurdh、Vurdhandi 和 Skuld，即过去、现在和将来 [1]。那么，一个现在已经具有（甚至在其最早的应用中）道德职责和法律义务之抽象意义的动词，最初能是个什么概念呢？只能从物质世界汲取其名词或动词之营养的语言，是从哪里得到"他应当偿付"或"他应当服从"这类抽象观念的呢？格林一直努力探索德语的秘密，对"应当"一词提出自己的看法。他认为，要对其做一番认真的考察，因为它在初出茅庐时，显得非常奇特和不可思议。

---

[1] 库恩（Kuhn），《比较语言学杂志》（*Zeitschriftfür vergleichende Sprachforschung*），卷 3，第 449 页。

shall 及其过去式 should 在哥特语里有下列形式：

表 8

现在时	过去时
skal	skulda
skalt	skuldês
skal	skulda
skulum	kuldedum
skulup	skuldedup
skulun	skuldedun

在哥特语里，skal 这个动词看来是现在时，现在可以证明它是完成时。正像希腊语 οἶδα 既有表示现在时的功用，也是完成时的形式一样。在德语里有几个同样特征的动词，而在英语里，完成时没有 s，但现在时第三人称单数时却有这个词尾。因而，按照格林的说法，skal 意为"我应该"，但其原意为"我杀了"。因为古代条顿法律中最重要的罪行是过失杀人罪——在许多情况下要以赎金来赎罪。因此 skal 的原意是"我有罪"；后来，当这一丰富的表达方式缩略为法律术语时，便有可能产生新的表达方式，如 I have killed a free man, a serf（我是个有罪的自由人，一个农奴）至少意为"我是（为杀人而付赎金的）自由人，一个农奴"。格林用此方法解释了较后出现的比较不规则的表达方式，如 he shall pay，即"他是个应付赎金的罪犯"；he shall go，即"他必须走"；I shall withdraw，即"我应退出"。①

---

① 词根 skal 最初可能是失足或绊倒之意，与 spha1（失足）和 fall（跌落）相似，因而与 faux pas（犯罪或犯错误）相近，进而又和犯罪与应付赎金近意。参考拉丁语 scel-us、德语 schul-d（债务、罪恶），见柯尔提乌斯的著作，卷 1，第 453 页。所以 guilty（盎格鲁 - 撒克逊语是 gylt-ig）意指应付赎金（盎格鲁 - 撒克逊语是 gyld-an）。还可参见"guilty of death"（S. 马特，第 31 章，第 66 节，ἔνοχος，θανάτου），意为应以赎金赎其死罪。而负债者（ὀφειλέται）亦即罪人（S. 路克，第 8 章，第 4 节）。ought 说的是一种"应当"或"有义务"去做的事，希腊语 δεῖ（它约束我）就是我应当的意思。——编者

如此这般的词义变化，无疑显得歪曲和异想天开，但若考虑到日常使用的每个单词，一经分析之后都立即显现出相似的变迁和渐进的历史发展，我们就会更愿意接受它们。如果我们说"我有义务去"或"我应赔偿"时，并不记得这些表达方式的本来面目——在那个遥远的时代里，人们是被迫而走，受约束而付赎金的。在拉丁语里，hoc me fallit 意为"它让我失望"，或"它从我这里逃走"，后来，这句话有了"它离开了我""我想它""我必须有它"等意思，因而，il me jaut 就是"我必须"的意思。may 在哥特语里有下列形式：mag、maht、magum、magup、magun。I may 的本意是我很强壮，但后来 may 这个动词变成一个原始的过去时态。从其根本上说，这个词来自意为产生的词根，从那个词根中还派生出哥特语 magus（儿子），苏格兰语是 mac（儿子），哥特语 magaths（女儿），英语是 maid。

在神话学的语言中，我们必须认识到没有什么纯粹的助动词。在创造神话的那个时代，每个词，无论是名词，还是动词，都有其充分的原生功用。每个词都是笨重和复杂的，它们的内涵非常丰富，远远超出它们所应诉说的东西。所以，我们对于神话学语言中的千奇百怪，只能理解为会话的自然成长过程。在我们的谈话里是东方破晓、朝阳升起，而古代的诗人却只能这样想和这样说：太阳爱着黎明，拥抱着黎明。在我们看来是日落，而在古人看来却是太阳老了、衰竭或死了。在我们眼前太阳升起是一种现象，但在他们眼里这却是黑夜生了一个光辉明亮的孩子。而在春天，他们会真的以为太阳（或天）和大地热烈地拥抱在一起，并把财富洒落在自然的怀中。在赫西俄德较晚产生的作品里有许多神话，我们只要用助动词代替丰满的动词，就可把神话的语言变成逻辑的语言。赫西俄德把 Nyx（倪克斯，黑夜）称作 Moros（莫洛斯，命运）、黑色的 Kêr（刻尔，毁灭）、Thanatos（塔那都斯，死亡）、Hypnos（叙普诺斯，睡眠）、Oneiroi（奥涅伊洛，梦）之乡的母亲。

据说，这位母亲所生的儿女都没有父亲。她还被称作 Mômos（莫洛斯，责备）、悲伤的 Oizys（奥伊祖斯，苦恼）、赫斯珀里得斯姐妹（Hesperides，众星）的母亲。赫斯珀里得斯姐妹站在闻名遐迩的 Okeanos（俄刻阿诺斯，海洋男神）的那一边，守卫着美丽非凡的金苹果和苹果树。倪克斯还生了 Nemesis（涅梅西斯，复仇）、Apatê（阿帕特，欺诈）、Philotês（斐特洛斯，情欲），以及有害的 Geras（葛拉斯，老年）和才智过人的 Eris（厄利斯，竞争）。但是现在，我们则用现代的表达方式来谈话：如"夜幕降临，众星闪烁"，"我们睡了"，"我们做梦"，"我们死了"，"夜里我们面临危难"，"每夜的狂欢导致竞争，气愤的争吵和苦恼"，"众夜生老年，最后带来死"，"最初由黑夜隐藏的邪恶行为、最终将被白天揭露"，"黑夜本身将对罪犯复仇"。这样，我们就把赫西俄德的语言——他所讲的曾得到人们极其广泛的理解——翻译成现代的思想和现代的会话方式。[1] 尽管这些语言是颇具诗意和格言意味的表达方式，无论古今，所有诗人都知道这一点，而且也经常在一般民众的会话里看到这种语言，但是这都称不上神话学的语言。

在赫西俄德的语言里，Uranos（乌拉诺斯）是天的一个名字。他生来"为了圣洁的诸神，本应是个坚固的所在"[2]。另据说乌拉诺斯覆盖着一切（V. 127），当黑夜来临时，他伸向四方，拥抱大地。好像只有希腊神话还保存了 Uranos 之语源功用的记忆，也有着比较接近的语音。因为 Uranos 在梵语中是 Varuna（伐楼拿），它来自词根 VAR（覆盖），Varuna 在《吠陀》里也是天的·个名字，但却专指黑夜，并与 Mitra（密陀罗，白天）相对。[3] Uranos

---

[1] 关于 Philotes（情欲）是黑夜的孩子的说法，朱丽叶是这样理解的："张开你紧闭的帷帘，可爱的会表演的黑夜！眼睛神奇莫测地一眨一眨；罗密欧猛张开双臂，既不说话也看不见！爱人可凭借自己的美，看到恋爱的仪式；如果爱是盲目的，就会和黑夜一样。"

[2] 赫西俄德（Hesiod），《神谱》（Theog），第 128 行。

[3] 与阿伊努语称呼神的词 kamui 非常相似，kamui 的本意是覆盖一切，天空乃是全能君主的伟大身影。参见巴切勒（J. Batchelor），《阿伊努人和他们的民间传说》（The Ainu and Their folk-lore），第 580 页。——编者

的名字曾使希腊人回想起某些有意义的东西，然而当我们看到希腊人把他称作 ἀστερόεις（明亮的天）——这和阿波罗与狄俄尼索斯的名字毫无关联——时，我们简直不能相信格罗特先生所说的，对于希腊人来说，"Uranos（天）、Nyx（黑夜）、Hypnos（睡眠）和 Oneiros（梦）都是人格的，恰如宙斯和阿波罗一样"。我们只需再读几行赫西俄德的诗句，就会看到大地女神该亚的诸子女中，Uranos 是她的第一个孩子，他完全没有达到神话学上的人格化具体化——这些特点使奥林匹斯诸神的本性变得困惑难解。诗人在其引言里总是问缪斯：诸神和大地最初是怎么产生的？江河、海洋、明亮的繁星和高高的天穹又是怎样产生的？整个《神谱》就是回答这个问题的，所以我们几乎不能怀疑，希腊人在某些名称中，看到了真实事物（诸如大地、江河和高山）质朴的诗意概念。乌拉诺斯是大地之母该亚的第一个子女，他后来升为神并具有了人的情感和品性；但是，大地之母的第二个子女 Οὐρέα μακρά（高山），在语言上是中性的，因而不能主张他们像宙斯和阿波罗一样具有人格。

格罗特先生在坚持希腊神话学的纯粹字面意义方面，走得太远了。某些神话学人物的言语在希腊语中保存到较晚的时代，而且得到正确的理解。也就是说，对它们的解释，和我们所说的"日升日落"的表达方式大不相同。格罗特先生认为必须承认这一点，但他拒绝由此得出进一步的结论。他说："尽管归之于这些人物的某些属性或行为，借助寓言变得可以理解，但其整体或整个体系却未必如此：那些采取此种解释方法的理论家，在迈出简单而又明显的一两步之后，就会发现此路不通，于是不得不借助有劳无获的精雕细琢和推断假设来为自己另辟新径。"因此，格罗特先生主张把他称作寓言的东西当作神话学的组成部分。然而他就此止步，把整个神话学当作一个谜——正如某些非理性的东西一样，是不能解答也不应当求解的东西。对这种从未出现过的"过去"，即使他力图对希腊思想史中的这个重要问题做部分的解释，也应看作下策之举。这种科学勇气的缺乏，致使科学体系停步不前，尽管这些体系最初只能迈出最胆怯、最不确定的几步，但只有从此开始，才能发展到尽善尽美。在古生物学中，我们必须学会不受既定观点的束缚；苏埃托尼乌斯关于语法的话"即便是杰出的文法家，也有不清楚的地方"，具有一种特殊的力量适用于神话学。力图解开每一个名字的秘密恐怕是枉费心机；再没有人像他那样具有伟大的谦虚精神了，但他在比较神话学领域里建立了最有持久性的原则。格林在其《日耳曼神话学》的导言里，直截了当地说："我只应解释我能解释的东西，而不能解释我想要解释的东西。"奥特弗尔德·缪勒确确实实地开辟了进入希腊神话学迷宫的途径，格罗特先生这样有能力有才华的学者本应更上一层楼的，至少他应证明这条路正确与否。奥特弗尔德·缪勒对居勒尼（Kyrene）神话的研究表明（第 65 页），希腊人中流行的神话学语言是多么晚的事物。位于利比亚的居勒尼希腊城邦大约建于第 37 届奥林匹克运动会期间。其统治民族来自米尼安人的一支，他们大部分居住在南瑟萨利的伊奥尔科斯，这个殖民地的建立，起因于阿波罗的皮托神谕。因此神话说"居住在瑟萨利的英雄少女居勒尼被阿波罗爱上了，阿波罗把她带到利比亚"，然而若用现代语言说，那就是"瑟萨利的居勒尼城，派了一支殖民队，在阿波罗的保护之下到达利比亚"。还可以给出许多例证，在这些例证里，只要代换一个比较关键的动词，就可以使神话立即脱去其不可思议的外装。[1]

卡乌诺斯（Kaunos）据说是米利都（Miletos）的儿子，即来自米利都的克里特殖民者在吕西亚（Lycia）建立了卡乌诺斯城。神话说卡乌诺斯从米利都飞到吕西亚，他的姐姐比布罗斯（Byblos）忧伤失去弟弟而化作一股清泉。然而在伊奥尼亚还有个米利都，它比克里特的米利都更有名气，可是这里却

---

[1] 参见凯恩（Kanne），《神话学》（*Mythology*），第 32 页。

错误地把它引入神话，因为比布罗斯只是伊奥尼亚之米利都附近的一条小溪。保塞尼亚斯告诉我们这样一件史实：人们说米利都这个漂亮的小伙子从克里特飞到伊奥尼亚，是为了躲避米诺斯的妒忌，然而事实是：伊奥尼亚之米利都是克里特之米利都的殖民地，而米诺斯则是克里特最有名望的王。又如，玛尔佩萨（Marpessa）被说成埃翁诺斯（Evenos）的女儿，神话描绘说伊达斯（Idas）带走了她——伊达斯是玛尔佩萨城一位最享盛名的英雄的名字。然而神话所暗指的，以及其他证据所证实的事实是一些殖民者从埃翁诺斯出发，在墨西拿建立了玛尔佩萨城。神话还补充说，埃翁诺斯在力图从伊达斯手中夺回女儿失败后，悲愤之下像比布罗斯（米利都的姐姐）一样，化作一条河。

　　如果希腊人称自己为土生土长的（αὐτόχθονες），我们会自负地认为能够理解这种表达方式的全部意蕴。但是如果我们得知皮拉（πυ'ρ'ρα）是瑟萨利（Thessaly）最古老的名字，得知海伦乃是皮拉之子，那么格罗特先生会说这依旧是个神话，而且至少希腊人不会怀疑真有一个叫皮拉的人，以及另一个叫海伦的人。这对于较晚近的希腊人，比如荷马和赫西俄德，或许真是如此。但是古来如此？原本如此吗？语言总是语言，它总意味着某些原初的东西，而一个人，无论他是谁，第一次不说海伦生于大地，而说海伦生于皮拉时，必定意味着某些可理解和合乎理性的东西，他不会用海伦称指一位他所认识的朋友，也不可能把一位老妇人称为皮拉，他所意指的东西，和我们说"意大利是艺术的母亲"时意指的东西完全一样。

　　甚至在比奥特弗尔德·缪勒所谈论的时代更晚近的时期中，我们依然发现"神话地讲话"在诗人和哲人们中间还是非常时髦。保塞尼亚斯抱怨他们为一切制定系谱，把皮托斯说成是"德尔斐的儿子"。费厄德罗斯的厄洛斯的故事，被称作一个神话（μύθος, 254D; λόγος, 257B），但苏格拉底却讽刺地说"这是你可以相信，也可以不相信的诸多事情之一"。当他讲述埃及神托特的故事时，他说这是个古老的故事，可斐德若却立即认识到这不过是苏格拉底自己编造的，他对苏格拉底说："你轻而易举地编造了埃及的或其他的故事。"当品达把阿波弗西斯叫作厄庇米修斯的女儿时，每个希腊人都理解这种神话的语言，就像理解他说"事后的思考导致谅解"时一样①。不但如此，就是在荷马的诗中，当没有说服力的 Litae（祈祷）听从 Atê（命运），试图向她妥协时，每个希腊人也都理解这种说法，就像我们理解自己所说的"地狱充满善意"一样。

对于人们把祈祷称作宙斯之女的说法，我们至今不能把它们纳入神话学的范围。因为宙斯对希腊人来说是生活中一切的保护者，所以祈祷被称作他的女儿，这就像我们把自由称作英国的女儿，或把祈祷称作灵魂的儿女一样。

所有这类说法，尽管是神话的，但却不是神话。真正神话的根本特征是只可意会不可言传的。我们在名词和动词的构型中，追溯古代语言的那种富于创造力的品性，但这不足以解释一个神话是如何失去其意识和表现力的。即使充分体谅构成抽象名词和抽象动词的困难，我们也还是无力解释古代各民族中隐喻诗歌之外的东西。神话至今仍是个谜。因此我们在古代语言的构成分析中，还必须求助于另一个非常有用的组成部分，我把它叫作多名同义（Synonymy）和一名多义（Polyonymy），除此之外，我还没有找到更好的名称。②正如我们先前看到的，大多数名词原先都是通称的或用作宾语的，

---

① 奥特弗尔德·缪勒曾指出每个诗人都通过各自的描述，赋予厄里倪厄斯们不同的品性，从而为他们安排了不同的父母。他在《论复仇女神》（*Essay on the Eumenides*）第184页说："显然，这种系谱学较之任何一种流行的系谱学，都更好地解答了埃斯库罗斯的观点和诗人的目的，通过这种系谱学，厄里倪厄斯生自 Skotos 和 Gæa（索福克勒斯），Kronos 和 Eurynome（在一本说是埃庇美尼德的作品里），Phorkys（尤弗利昂），Gæa Eurynome（伊斯特隆），Acheron 和 Night（尤德莫斯），Hades 和 Styx（阿忒诺多罗斯和墨拿西阿斯），Hades 和 Persephone（俄尔甫斯教祷歌）。还可参见 H. D. 缪勒（H. D. Müller），《阿瑞斯》（*Ares*），第67页。

② 参见作者给邦森骑士（Chev. Bunsen）的信《论图兰语》（*On the Turanian Languages*），第35页。

用来表示当时看来是物体最有特点的属性。但是大多数物体不止一个属性，而且在不同方面，这个属性或那个属性，或许会更适于形成名称，这就必然造成在早期语言阶段，大多数物体具有诸多的名称。在时间的进程里，这些名称大部分变得毫无用处，而且，它们大都在文学语言里由一个固定的名称取代了，而这一固定名称则被称作这类事物的专有名称。越是古代的语言，在同义词方面越是丰富。

如果经常运用同义词，必定引起同音异义词数量的增长。如果我们用 15 个名字表示太阳的不同特性，那么其中某些名字也会适用于具有同性品质的其他事物。于是这些不同的事物就有了同样的称呼——它们就变成同音异义词。

在《吠陀》里，大地被称为 urvî（宽广）、prithvî（辽阔）、mahî（伟大）和其他许多名字。《尼犍豆》（Nighantu）曾提到 21 个名字，这 21 个词都是同义词。但是 urvî 不仅用作大地的名字，也指河流。prithvî 不仅意指大地，也指苍天和黎明。mahî 既用于大地，也用于牛和语言。所以，大地、江河、苍天、黎明、牛和语言都变成了同音异义词。然而所有这些名称都是简单的和可理解的。年轻的诗歌之花第一次绽开时所讲的那些词，是建立在大胆的隐喻手法上的。这些隐喻一旦被忘记，或者后来词汇赖以派生的词根原意变得模糊不清，甚至完全改变了，那么这些词当中自然会有许多失去其诗情画意及其根本的原意。它们变成了仅在家庭会话中延续传承的名称。或许，祖父和父亲还能够理解，但对儿子来讲就变得陌生了，到孙子辈时就只是误解了。这种误解是各种途径造成的。或者是某个词的根本意义被忘记了，它们本来是通称的；或者某个词就其词源意义来说，已经萎缩为仅仅一个声音，即现代意义上的名词。因此，ζεύς（宙斯）原为苍天的一个名字，它和梵语 dyaus（天空）一样，逐渐变成一个专有名词，只是在一些非常少的谚语表达方式里，如 ζεύς ὕει（天色已晚）或 sub Jove frigido（天气渐凉）才表现出共通的意义。

在词汇的语源真意被忘却之后，经常应运而生一种新意，这是一种在现代语言里依然存在的语源学本能。正因如此，光明之神阿波罗的儿子吕克革涅斯（Λυκηγενής）变成了吕西亚（Lycia）的儿子；而提洛斯（Δήλιος，闪亮者）创造了阿波罗生于提洛的神话。

在一个事物有两个名字的情况下，这两个名字将会化为两个人物，而且这两个人物的不同故事同样可以流传千古，他们或者被描绘为兄弟姐妹，或者被说成父母儿女。所以我们看到 Selene（月亮）和 Mene（月亮）并肩而立，Helios（太阳）和 Phœbos（光）共存于世。在大多数希腊英雄身上，我们可以发现希腊诸神的拟人化形式，在许多例证中，他们具有的名字都是其神圣原型的称号而已。尽管同一个词经常用于不同的对象，但更经常发生的情况是形容词在用于某种对象时，和某个名词连在一起。那些曾用于海的词也用于苍天，太阳一旦被唤作狮子或狼，便被赋予利爪和鬃毛，而其原有的动物隐喻则被忘记了。太阳神因其具有金色的光芒而被说成"有金手"，于是手也用和光芒同样的词来表达。① 但当同样的称号用于阿波罗或因陀罗时，神话就产生了。正像我们在德语和梵语神话中发现的那样，神话告诉我们因陀罗失去了他的手，而换上了金手。

于是，我们在此找到了神话学的某些关键环节，把握它们的方法却必须

---

① 参见麦克斯·缪勒（M. Müller），《语言学》（Science of Language），第 8 版，卷 2，第 414—415 页。古代埃及人也形成了同样的概念。阿玛尔纳坟墓中描绘的太阳正把他的光芒照在阿肯纳吞法老及其家人的身上，每一道光芒的顶端是一只手，它到处传播生命（ankh）和赐福；也可以参见威德曼（Wiedemann），《古埃及的宗教》（Religion of the Ancient Egyptians），第 37 页图 2；厄曼（Erman），《埃及宗教手册》（Handbook of Egyptian Religion），第 69 页图 48。与此相似的还有朗菲多描写月亮的诗句："提坦般地把千百只手伸向高山和草地"［《伊万杰琳》（Evangcline）］。"有长手的"或"长臂的"，也是赋予卢格（爱尔兰太阳英雄）的一个称号。参见 J. 里斯（J. Rhys），《凯尔特异教世界》（Celtic Heathendom），第 397 页。——编者

希腊女妖斯芬克斯像，叶舒宪 2010 年摄于苏黎世大学博物馆

从比较语言学借鉴而来。在法语中，我们要想发现许多词的原意是非常困难的，除非把这些词和意大利语、西班牙语或普罗旺斯语中与之相等的词形相比较。我们还发现，如果不把许多希腊语词和德语、拉丁语、斯拉夫语、梵语中与之有着或多或少讹用关系的词汇相比较，要想找到它们的起源，也是不可能的。不幸的是，我们在古代语言的范围里，并未找到与拉丁语一致的东西以考察法语、意大利语和西班牙语中某个词的原初形式。拉丁语是法语和意大利语的母语，梵语却不是拉丁语和希腊语的母语。然而，尽管梵语只是许多姐妹语言的一支，但无疑是最年长的一个，而且，在其语汇中一直保存着最原始的形态。我们一旦成功地在梵语中找到拉丁语和希腊语相一致的词形，一般说来，就可解释它的构型并确定它的根本意义。如果我们只局限于一种语言（如希腊语）的知识范围，怎么能了解 πατήρ（父亲）、μήτηρ（母亲）和 θυγάτηρ（女儿）的本义呢[①]？然而一旦在梵语中也找到这些词，它们的原始功用便一目了然了。奥特弗尔德·缪勒是第一批看到并指明经典语言学必须把语源学的研究拱手交给比较语言学的学者，仅靠希腊语自身是不能确定希腊语词的原初意义的。这种认识对神话学的名称研究特别有用。而要进行神话学的研究，又必须使原属于某种语言的特定名称的本意变得模糊不清，以至被忘掉。在一种语言里是神话的东西，在另一种语言里却常常是自然的和可以理解的。我们现在说日落，但在条顿神话里却给太阳一个坐下的宝座，正如希腊神话中把黎明女神厄俄斯（Eos）称作金色宝座的金色宝座的（χρυσόθρονος），现代希腊人把落日称作尊贵的太阳（ἥλιος βασιλεύει）

---

① 这是希腊语源学的一个典型，摘自《辞源大辞典》。

一样。^①虽然我们对赫卡特（Hekate）持怀疑态度，但却理解 Ἕκατος（照射）和 Ἑκατηβόλος（照得很远的）。尽管我们不大相信吕西娜（Lucina），但却马上接受 Lucna（拉丁语 Luna，月）这种缩略语。一般被称为印度神话的东西，从比较的目的来说，其用处可以说是微乎其微，或说毫无用处。因为湿婆、毗湿奴、大天、雪山神女、时母、黑天等故事，尽管是土生土长，而且充满狂热和怪诞的观念，但都属于后来的产物。由于这类在《往世书》和其他史诗中记载的神话全是后期之物，因而在我们看来，整个原始的、自然的、可理解的神话世界保存在《吠陀》之中。《吠陀》中的神话对于比较神话学的意义，有如梵语对比较语法所起的作用。幸运的是，《吠陀》里没有宗教神话的体系。那些名称既在赞美诗中用作普通名词，又在其他地方用作神的名字。同一个神，有时表现为至高无上的，有时又是与众平等的，有时则低

---

① 这是日落的一个非常美和极富诗意的概念，用来表达君主般的华丽和落日（或月亮）的光辉。"他充满雄伟壮明。"参见 M.康斯坦丁尼德（M.Constantinides），《新古希腊史》（Neohellenica），第 393 页。这句话在许多语言里是共通的。拉美西斯四世曾说："我获得国家的礼服，像吞（落日）一样。〔《大哈里斯纸草》（Harris Papyrus）〕还可参考下述引文：

太阳不愿留下他至上权柄的宝贵画像，而我能够目睹他最威严的时光。〔济慈（Keats），《恩底弥翁》（Endymion）〕

我看着巨大的红日在云雾中下去了，这位古代的王，"在其晒黑的奴隶中间，衰老地倚靠在他的权杖上，头上戴着王冠。"〔W.M.W.凯尔（W.M.W.Call），《金的历史》（Golden Histories），1871 年〕

当你熄灭时，残余的华彩是你的服装。〔阿拉伯诗人，乌尔万，参见戈德兹赫尔（Goldziher），《希伯来的神话》（Myth of the Hebrews），第 95 页〕

灿烂的夏季黄昏，太阳像一个骄傲的征服者和威严的君主，转过身，带着他金紫色的徽章，和他所有披火的卫士。〔卡莱尔（Carlyle），《衣裳哲学》（Sartor Resartus），卷 2，第 2 章〕

卡拉布里人用"太阳像王一样"迂回地形容落日，塞萨里斯科伯爵夫人将此和一位德国诗人的直喻相对照："当一个英雄死时，太阳你落下是多么高贵呀。"〔《民歌研究》（Study of Folk-song），第 170 页〕

汤姆逊说落日前的流云"用它们的华美铺满太阳的宝座"。〔《夏天》（Summer）〕

亚述人把沙玛什（太阳）的西方住所称为他的宫殿，即库姆（Kummu）。〔塞斯（Sayce），《希伯特讲演集》（Hibbert Lectures），第 171 页〕

太阳晚上回到他休息的宫廷时，围绕在他身旁的华丽随从，在太阳从东方大门步出之际，又出现了。"由此伟大的太阳又开始他的尊严了。"

盖文·道格拉斯说："这位王来了，他的荣耀再次出现。"〔《埃涅阿斯纪》（Buk of Eneados），1513 年，卷 12，导读，第 277 行〕

那边，强大的白日之王来了，东方，为之欢腾。〔托马斯（Thomson），《季节》（Season）〕——编者

于其他神。这些所谓神的整体性质还是清晰可辨的，其首位概念在许多场合也是能认清的。那时还没有神谱，男神和女神也没有结婚成家。父亲有时是太阳，兄弟有时是丈夫，一位女神在一首赞美诗里是母亲，而在另一首诗中又成了妻子。由于诗人的概念多种多样，这些神的性质也就五花八门。当我们把《吠陀》中成长的神话同荷马诗歌赖以形成的、那些已经成熟或衰败的神话加以比较时，到处也找不到印度古代诗歌来自最古老的希腊文学的例证。《吠陀》是雅利安种族的真正神谱，而赫西俄德的《神谱》则是原初形象变形后的漫画。如果我们想充分了解对神圣力量怀有朴素意识的人类思维，如何被语言的不可抗拒的力量（亦适于超自然和抽象的观念）必然而又不可避免地操纵着，那我们就必须读《吠陀》；如果我们想让印度人明白，他们所崇拜的东西，只是自然现象的不同名称，它们是逐渐模糊、人格化和神化的，也必须让他们读《吠陀》。祖辈创造上天诸神[①]及恶魔或邪恶精灵的说法，早就成为无稽之谈，对印度诸神也要力避再犯同样的错误。印度人的神和厄俄斯或赫墨拉、倪克斯或阿帕特一样，都不曾真正存在过。这些神是没有演员的面具；它们是名称（nomina）而不是权力（numina）；它们是没有实体的名称，而不是没有名称的事物。

毋庸置疑的是，在某些例证中，某个希腊或拉丁或条顿的神话，可从各自语言中依旧保存的资源财宝中得到解释，就像许多希腊语词不用联系梵语或哥特语就可得到语源的解释一样。我们应当从这类神话开始研究，然后再解决比较困难的，因为解决后者，必须从遥远的领域搬兵借将，比如或者是来自冰岛冰天雪地的《埃达》歌声，又或者是来自七河流域《吠陀》的赞美诗。

希腊民族的丰富想象力、敏锐的洞察力、活跃的理智、变化不居的幻想，

---

① 亚里士多德曾在《形而上学》一书中提出对希腊神的看法。他批评柏拉图的理论，力图表明其矛盾的性质，称它们是"永恒的非永恒"（αἰσθητὰ ἀίδια），即此物不可能是真实的存在。他还说，尽管人们坚持有神存在，但却只能赋予某种人的形式，这就使之真正成了"不朽的凡人"，即非存在。

使人们较易理解，为什么雅利安民族分化之后，希腊语言的丰富性，希腊神话的变化，超过了其他任何民族。语汇创造得如此奇妙而又简单、方便，而后由于人们漠不关心而将之遗忘，然而意识之不竭的力量又总是把这些被遗忘的东西，赐给有天才的人。每个词的创生最初都是一首诗，具体化为一个大胆的隐喻或明确的概念。①尽管创造这些词（如希腊的普通诗歌）的父亲——使它们得以存在的诗人们——早已被人们忘得一干二净了，但这些词本身或许被传说采用了，并在某个家庭、某个城邦、某个部落的语言中，在方言中，在希腊民族的语言中存活下来。它们的家谱血统就连希腊人自己也不甚了解了，其语源本意也总使那些最聪明的古物研究者百思不得其解。然而，希腊人很少关心自己的语汇在语源方面的独立性，也很少想知道每个游吟诗人的名字，而恰恰是这些游吟诗人最先咏唱高贵的墨涅拉俄斯（Menelaos）或狄俄墨得斯（Diomedes）。仅凭荷马就足以满足他们的好奇心，历史因素不能干扰到他们巧妙的猜测，且对一个单词的部分含义，词源学的解释是可以接受的。人们只知道苏格拉底在一时冲动之下，把厄俄斯变成一位飞翔之神，但是荷马也了解其语源，所以他们的所作所为是有益助的，至少他们尽其所能地证明了，早在荷马之前就已被人们忘却的诸神姓名的真正起源。

当希腊神话中的某些人物用希腊语保存了可以理解的名称时，我们就能够很好揭示其本来的神话意义。在看到厄俄斯（Eos）、塞勒涅（Selene）、赫利俄斯（Helios）或赫尔塞（Herse）的名字时，就找到一些讲述他们自己故事的词，由此也就有了神话残余的某种出发点（πού στῶ）。让我们看看塞勒涅和恩底弥翁的美丽神话。恩底弥翁是宙斯和卡利克的儿子，但他也是

---

① 所以特伦奇大主教说："语言是已成化石的诗。换句话说，我们不能只在某个民族的诗歌里，以及诗情画意的风俗、传说和信仰中寻找诗。许多单词本身就是一首浓缩的诗，它贮藏着丰富的诗人思想以及由此产生的形象。"［鲁特勒治（Routledge）编，《词的研究》（*Study of Words*），第5页］卡莱尔说："从每个词中都可看到一个人、一位诗人，最冷静的词也曾是闪闪发光的新的隐喻，其根源是大可怀疑的。"［《过去和现在》（*Past and Present*），第17章］——编者

埃忒利俄斯的儿子（埃忒利俄斯是埃利斯的王，他称自己是宙斯之子），据说恩底弥翁继承了他的王位。这个说法确定了这一神话的起源，至少表明埃利斯是恩底弥翁的出生地，而且按照希腊的风俗，埃利斯的统治民族也是要把自己的起源归之于宙斯的。同样的风俗在印度也很流行，而且形成了古代印度的两大神圣家族：太阳家族和月亮家族。洪呼王（Purûravas）说自己——在他之后这样说的人很多——"白昼之王和黑夜之君是我的祖先；他们的子孙我……"因此，或许埃利斯曾有个王叫埃忒利俄斯，他有个儿子或许叫恩底弥翁，但是神话中的恩底弥翁，不可能是埃利斯的王。神话把恩底弥翁转变到卡利亚，到了拉特默斯山，所以在拉特米安山洞里，塞勒涅看到了这位美丽的安睡者，爱上了他而后又失去了他。现在，关于 Selene（月神）的意义已确定无疑，即使传说只保存她的另一个名字 Asterodia（众星女神），我们也只能将这个同义词翻译成和"月亮"同义的"众星之中的漫游者"。然而谁是恩底弥翁呢？它是太阳的众多名称之一，而且专指夕落的、临终的太阳。Endymion（恩底弥翁）这个词，来源于 ἐν-δύω，这个动词在古典希腊语中从未有过降落之意，因为它的单词 δ-ύω 已经变成专指日落的术语。Δυσμαὶ ἡλίου（日落）和 ἀνατόλαι（日出）相对应。而 δύω 原指伸入（从视野中消失）。像 ἠέλιος δ'ἄ'ρ ἔδυ（太阳消失了）这类表达方式里，就含有 ἔδυ πόντυν（他沉入大海）这样一种早期的观念。因而忒提斯向她的伙伴说"你现在可以投入大海的广阔胸怀"（*Il*. xviii. 140）。其他的方言，特别是近海民族的方言，都有这种表达方式。在拉丁语里，我们看到"Cur mergat seras aequore flammas"[①]（它为何用大海吞没晚霞）；在古斯堪的纳维亚语中，我们找到"Sôl gengr i aegi"（太阳进入大海，Vigfusson, *Icel. Dict.*,

---

① 格林（Grimm），《神话学》（*Mythology*），第 704 页。［斯特利布拉斯编辑本，第 742 页。——编者］

p. 758）。斯拉夫民族把太阳描绘成晚上步入浴室，早上再次升起则精神振作，整齐干净；或者，人们说大海是太阳的母亲，太阳在晚上投入其母亲的怀抱。由此我们可以推断，在希腊方言里，ἐνδύω 正是在与此相同的意义上使用的；从 ἐνδύω 派生出 ἐνδύμα，用来表示日落。从 ἐνδύμα 又形成了 ἐνδυμίων①（恩底弥翁），这个过程很像 οὐρανός（乌拉诺斯月）派生出 οὐρανίων（乌拉诺斯日），也和大多数希腊月份名称的形成过程相同，如果 ἐνδύρα 曾变成日落的一个普通名词，那么恩底弥翁的神话就绝不可能产生。但是恩底弥翁的本来意义一旦被遗忘了，那关于日落最初所讲的东西便只剩下一个名称而已，为了使这个名称还有其意义，它便变成一个神或一位英雄。落日曾安睡在拉特米安山洞里，即夜的山洞（Latmos 和 Leto、Latona 来自相同的词根"夜"）；但是在神话中，他却安睡在卡利亚的拉特默斯山。恩底弥翁的生命只有一个白天，当其生命完结之后便进入永久的安睡，他是一轮落日，曾是宙斯（光明之天）和卡利克（覆盖一切的夜）的儿子；或者根据另一种说法，是宙斯和普罗托吉尼亚（最先问世的女神）的儿子，或是宙斯和黎明（Dawn）的儿子。黎明总是被描述为太阳的母亲、姐妹或被遗弃的妻子。而另一方面，恩底弥翁却又成了埃利斯王的儿子，这或许只能出自一个原因：一个王采用好兆头的名字是极为有用的，因而总是与太阳、月亮及星星联系起来。这种情况造成，同太阳名称相关的神话总是自然而然地把太阳的名称转变成和某个人物同名同姓。在古代流行于埃利斯一带的诗歌和格言中，人们说"塞勒涅热恋并注视着恩底弥翁"，而不说"月亮在晚上升起"；人们说"塞勒涅拥抱着恩底弥翁"，而不说"日落月升"；人们说"塞勒涅亲吻着进入梦乡的恩底弥翁"，而不说"现在是夜晚"。这些表达方式在其意义已不再被人

---

① 劳尔在其《希腊神话学体系》（*Systern of Greek Mythology*）里把 Endymion（恩底弥翁）解释为 Diver（跳水者）。格哈特则在其《希腊神话学》（*Greek Mythology*）中把 Ἐνδυμίων 分解为 ὁ ἐνδμη ὤν（那个下沉进去者）。

们理解之后还保留了很久。由于人类思维对于原因的思虑和对于原因的发明是同样迫切的，所以不需要什么个人努力，而是靠一致的赞许，便产生这样一个故事：恩底弥翁必定是个曾被少女塞勒涅热恋的青年美男子。假如孩子们想了解更多的东西，总是有位老奶奶高兴地告诉他们：这位青年恩底弥翁是普罗托吉尼亚（她半真半假地等于黎明的名字，黎明生了太阳）的儿子，或者是卡利克（黑暗和覆盖一切的夜）的儿子。这个名字一旦形成，就会拨动许多颤动的心弦，三个或四个不同的因果缘由就会应运而生（大都出自诗人之手），用来解释恩底弥翁为何进入永久的安睡。假如这些理由中的某一个被众所周知的一位诗人引用了，它就会变成一个神话，并被后来的诗人反复咏诵。最后，恩底弥翁几乎变成一种象征，不是落日的象征，而是被一个纯洁少女热恋的英俊小伙子的象征，成了青年王子最喜爱的名字。许多神话仅仅由于名字的相似性就转变成现实的人物，然而不论是否真有以恩底弥翁命名的埃利斯王子，都必须承认这些是没有历史证据的。

这就是一个传说的成长史，最初只是一个词，一个神话（μύθος），它或许只是许多流行的词中的一个，并且在流传到遥远的地方之后，失去其本来的意义——成为对日常思想交流毫无用处的词，成为众人手中的伪币——不仅未被抛弃，反而作为古玩珍品的装饰品保存了下来，如今（在许多世纪之后），又被古文物研究者辨认出来了。遗憾的是，我们并不拥有这些传说的原初形态，比如在村庄里或山间城堡里的传说——就像《神话学》的作者格林从德国穷人的谈论中所搜集的传说一样，这些传说既不同于某个家族年长成员所讲的传说（他说的东西，自己只能理解一半，其子女则不知所云），也不同于新兴城邦的诗人用连绵的韵诗，把邻友们的传说收录下来，并使之具有确定的形式和持久性。

如果荷马保存的东西不仅仅限于某地，那他所提及的所有神话就可排成一个体系，以《神谱》开头，以《特洛伊沦陷》为中心，以《归乡》为结尾。但是有许多希腊神话，荷马从未提起过！于是我们转向赫西俄德，他是位道德家和神学家，在他那里只能找到希腊神话语言的只言片语。所以我们的主要资料来源，只能是古代的记事者，他们为了历史而记载神话，其作用在于解答他们的论题。这些记载虽然没有保留至今，但我们相信它们构成后来作家（如阿波罗多洛斯等古代学者们）借取资料的源泉。因此，神话学研究者的首要任务，是解开这束荆棘、分离囊括一切的体系，把每个神话还原到其原初的无体系的形态。一切枝节末梢都要彻底剪除，就像确定古币那样，首先除去锈垢，然后根据其特征确定每个神话的产地，如若可能，便确定其产生的年代。正像我们把古代的奖牌分成金制、银制和铜制的一样，我们也必须非常仔细地区分神的传说、英雄传说和常人的传说。如果在辨认希腊神话或其他神话中的古代名称和传说方面有所成就，我们就能使希腊神话在我们眼前所展现的过去有了立足之地——在这些已经石化的遗物里，存在着有机思想的遗迹——它们曾经构成希腊语言的体表。恩底弥翁的传说曾经存在，那时，埃利斯的人们还理解古人的说法：月亮在夜幕降临后（或在拉特米安山洞里）升起来了，以便用沉默的爱看着和羡慕着落日的美，即安睡者恩底弥翁。他是宙斯之子，宙斯赋予他永远安睡和永葆青春的双重恩惠。

在光明的阿波罗的神圣特征中，恩底弥翁不是太阳，而是太阳日常活动的一个概念，因为它早上从黎明的子宫中产生[①]，在度过短暂而辉煌的一生后，落入黑夜，再也不能回到这凡世的生活中来。在雅利安神话中，与之相似的概念是很常见的。用这种观点看太阳，太阳有时虽表现为神圣的，但却不是不朽的；有时虽表现为有生命的，但却是安睡的；有时被说成一位女神

---

① 所以在《旧约·诗篇》（*Psalm*）第 50 章第 3 节中弥赛亚生于"早晨的子宫"。——编者

挪亚方舟的阿拉伯绘画版，叶舒宪 2003 年摄于阿姆斯特丹热带博物馆

热恋的凡人，但却由于人类的命运而毁灭。因此，和 Titan①（提坦）来自同一词根的 Tithonos（提托诺斯），最初在其每日一次或一年一度的特征里，表达了太阳观念，他像恩底弥翁一样，也未能充分享受宙斯和阿波罗的不朽。恩底弥翁永葆青春，但却注定要永远安睡；提托诺斯也被许诺长生不死，但是厄俄斯（黎明女神）忘记为他寻求不老之方，于是他只能在还非常年轻的妻子怀抱中衰老得像一个憔悴的老头。他的妻子在他年轻时非常爱他，而当他年迈时仍对他很好。其他的传说——无论多么矛盾，或者有时用最糟糕的方法解答他们——则说提托诺斯是厄俄斯和刻发洛斯的儿子，就像恩底弥翁是普罗托吉尼亚（黎明）的儿子一样。在处理一个神话时出现这种自由，说明对于最早的希腊人来说，当说到厄俄斯每天早晨离开提托诺斯身边的时候，知道这意味着什么。我认为这种理解存在了多久，神话也就存在了多久；一旦人们把提托诺斯说成是拉俄墨冬的儿子、普里阿摩斯的兄弟、特洛伊的一位王子时，这一切便都成为过去。人们再说厄俄斯清晨离开提托诺斯身边时，已经变成神话的了，有的只是习俗的和传说的意义了。由于提托诺斯变成特洛伊的一位王子，他的儿子，埃塞俄比亚人门农便不得不参加特洛伊战争。然而非常奇怪！即使在这种情况下，古老的神话似乎还在诗人朦胧的记忆中浮现着！因为厄俄斯在为其美丽的儿子门农哭泣时，她的眼泪被称作晨露。所以，也可以说那些过去的东西，一直是半存在着（half-present）的。②

我们曾提到刻发洛斯是厄俄斯所爱的人，他是提托诺斯的父亲。现在补充一点，刻发洛斯和提托诺斯与恩底弥翁一样，也是太阳的诸多名称之一。

---

① Ἀφελῶς δ' ἔλαμψε Τίταν（阿菲罗斯，发光的提坦），参见《阿那克利翁集》第 47 篇。

② 由于这种经典神话和其他原始民族的神话相一致，可以从新西兰引证一个例子做比较："直到这时，广阔的天空一直保持和他的配偶大地分离着。然而这种相互的爱还继续着——从她爱的胸膛发出的温暖的叹息徐徐上升到他身旁，他从树木茂盛的高山和峡谷中升起，人们把他们叫作雾霭；广阔的天空，由于度过漫长的黑夜与爱人分别太久而悲哀，所以经常落泪到她的胸上，人们看到后就把她们叫作露珠。"〔G. 格雷爵士（Sir G. Grey），《波利尼西亚神话》（Polynesian Mythology），第 15 页〕——编者

然而，刻发洛斯是升起的太阳，即光的头，这是不同神话中经常指称：太阳的一种表达方式。①在《吠陀》里，太阳被说成是一匹马，马头一语就是表达升起的太阳。因此，诗人说（*Rv.* i. 163, 6）："尽管还很遥远，但我通过思想认识了你本身，你像低空飞来的鸟；我看到头和翅膀，你前进在光滑洁净的道路上。"条顿民族把太阳说成奥丁的眼睛，正像赫西俄德所说"宙斯无所不见、无所不察的眼睛"；他们还把太阳说成诸神的面孔。②在《吠陀》里，太阳也被说成"诸神之面"（i, 115, 1），或阿底提（Aditi③）的脸（i, 113, 9）。据说，风用雨的冲刷模糊了太阳的眼睛（v, 59, 5）。

相同的观念导致希腊人构想出刻发洛斯的名字，如果刻发洛斯被称作露水的儿子，这就意味着神话学语言中共同的东西，即我们所说的太阳从带着露水的田野上升起。有关刻发洛斯的说法是，他是普洛克里丝（Prokris）的丈夫，他爱她，他们发誓要相互忠诚。但是厄俄斯也爱着刻发洛斯，厄俄斯表白了自己的爱，可是刻发洛斯却忠于普洛克里丝，没有接受厄俄斯的爱。当厄俄斯得知自己的敌手是谁时，她说刻发洛斯可以保持对普洛克里丝的忠诚，直到普洛克里丝违背她自己的诺言。刻发洛斯接受了挑战，扮成一个陌生人接近妻子，并获得了妻子的爱。当普洛克里丝发现自己的耻辱后，便飞到克里特。在那里的狄安娜给了她一只狗和一支矛，它们从不会错中目标。普洛克里丝扮成一个猎人去找刻发洛斯。当他们一同打猎时，刻发洛斯求她把狗和矛送给她。普洛克里丝答应，只要刻发洛斯还给她爱，她就可办到。

① 例如"太阳遮住了他的头"［维吉尔（Vergil），《农事诗》（*Georgic*），卷1，第467页］。"初升的太阳透过厚厚的蒸汽雾霭，露出他的金头。"［M. 德雷顿（M. Drayton），《盎格鲁记》（*Polyolbion*），第13首歌］——编者

② 格林（Grimm），《神话学》（*Mythologie*），第666页。［英译本第703页。我们或许可以比较闪米特语pani（面孔），它用于神的表象，如pani-el，即神的面孔（《创世记》，第32章，第30、31节）。同巴比伦语的páni-ili和巴力的面孔（是给予迦太基女神塔尼特的一个名字）相等。这也解释了《旧约·何西阿书》第11章第2节中比较难懂的段落。——编者］

③ Aditi 意为无限。——编者

刻发洛斯同意了，普洛克里丝便脱去伪装，再次获得了丈夫的爱。然而普洛克里丝害怕厄俄斯的魅力，当她妒忌地监视她丈夫时，被丈夫无意杀死了，并被那支永远不会错中目标的矛击中了。

在我们能够解释这个神话之前，它已被希腊和罗马的诗人五花八门地说过了，因此我们必须解剖它，把它分解成各个构成要素。

第一个要素是说"刻发洛斯爱着普洛克里丝"。Prokris 必须参考梵语来解释，在梵语里，prush 或 prish 意为喷洒，主要用途和雨点有关。比如《梨俱吠陀》卷 1 第 168 章第 8 节有这样的话："当风在雨前扫过之际，闪电在大地之上狂笑。"[①]

条顿语中与此相同的词根却具有寒霜之意——博普认为 prush 和古高地德语的 frus、frigere 相等。在希腊语中，我们肯定也要把 πρώξ（露水）、πρωκός（露珠）和 prokris（露水）归于相同的词根。因此，刻发洛斯的妻子只是露水的一个复制品，她的母亲 Herse（露水）是从梵语 vrish（喷洒）派生来的。所以这个神话的第一部分的意义十分简单："太阳亲吻着晨露。"

第二个要素是说"厄俄斯爱着刻发洛斯"。这不需解释，它是雅利安神话里重复千百次的古老故事"黎明爱着太阳"。

第三个要素是说"普洛克里丝是不忠实的。虽然她的新爱人穿着不同的装束，却始终是同一个刻发洛斯"。这可以解释为一种诗意的表达方式，因为阳光在露珠里会反射为不同的颜色，所以可以说普洛克里丝是被许多恋人亲吻着；然而它们全都是刻发洛斯（太阳），尽管化了装，但最终可以被识别出来。

最后一个要素说"普洛克里丝被刻发洛斯杀死了"，即露水被太阳吸收了。

---

① 参见波斯语 khandah i barq，即闪电的笑声；雪莱笔下的云说："当我在雷中行走时放声大笑。"所以卢克莱修（Lucretius）说："天空照亮的微笑"（卷 3，第 22 章）；"正义笑微之光"（《旧约·箴言》第 13 章第 9 节）。——编者

100

普洛克里丝是因为爱刻发洛斯才死的，而刻发洛斯之所以杀死她，也是因为爱她。露水被炽热的阳光逐渐而又不可避免地吸收了，非常现实地通过刻发洛斯准确无误的长矛无意投中藏在密林深处的普洛克里丝表现出来了。①

我们仅举这四种说法，每个诗人都会立刻告诉我们有关刻发洛斯、普洛克里丝、厄俄斯之间爱情与妒忌的故事。如果想要进一步证实刻发洛斯的太阳性质，我们可以举出刻发洛斯与普洛克里丝第一次如何在休密托斯山相会，后来在绝望中刻发洛斯怎样从雷乌卡迪山跳入大海。整个神话都属于阿提卡地区，在一年的大部分时间里，太阳总像一个明亮的头，从休密托斯山升起。以这里为最东点画一条直线，到希腊最西边的海岬，就把我们带到雷乌卡迪山海角——根据这一点也可以说，刻发洛斯把自己的悲伤淹没在大海的波涛之中。②

在赫拉克勒斯（Herakles）之死的神话里，却是另一番落日的宏壮景观。他既是神又是英雄的双重品质甚至连希罗多德也极为熟知——尽管可能没有一个名字能够像赫拉克勒斯这个名字一样，能产生如此之多的神话的或历史的，自然的或道德的故事中用作比喻的东西，但他的某些称号足以表明他的

① La rugiada Pugna col sole（露水普尼亚与太阳）。但丁（Dante），《炼狱篇》（*Purgatorio*），卷1，第121章。

② 琉卡迪岩的岩石面对阴世的入口处。当太阳沉入西方黑暗时，进入"太阳之门"［荷马（Homer），奥德赛（*Odyssey*），xxiv, ii, 12］，对于处于绝望之中的恋爱者和被判处死刑的罪犯来说，这是跳下去的地方［奥维德（Ovid），《岁时记》（*Fasti*），v. 630；赫西俄德（Hesiod），《神谱》xv. 179］。他们跳下去时，往往被描绘成追随落日："大神，一身金装，从山顶跳入大海。［C. 威尔（C. Wells）］与此相近，新西兰人把海岛最北部的雷恩加海角看作跳海点，这里是进入他们的哈得斯（冥王），"伟大的祖母"之世界的门口［R. 泰勒（R. Taylor），《新西兰》（*New Zealand*），148.231］。在蒙加亚，当人们启程进入灵魂世界而跳入大海时的出发点是阿维基岛，它正面对着落日［W. W. 希尔（W. W. Gill），《南太平洋的神话与歌曲》（*Myths and Songs of S. Pacific*），159］。乌波卢岛的最西点也是一块跳海石，为人们到达冥界提供了一条捷径。［参见 J. B. 斯太尔（J. B. Stair），《古萨摩亚人》（*Old Samoa*），第219页）］古斯堪的纳维亚人在英灵殿山崖纵身跳入奥丁海以获得不朽。［参见 C. 埃尔顿（C. Elton），《英语历史的起点》（*Origins of English History*），第91—92页］还可参见 R. 布朗（R. Brown），《论文集》（*Essays*），第257—260页］所以，拉兹岬角（阿英利海湾的最西点）被布列塔尼人作为灵魂到达阴世的出发点［普罗柯皮乌斯（Procepius）、克劳迪安（Clandian）、维勒马克（Villemarque）］。——编者

太阳特性。他和阿波罗、宙斯共享的名称是戴桂冠的、拯救者、预言者、伊达山的、奥林匹斯的、造就万物的。

在赫拉克勒斯的最后一次旅行中，他也像刻发洛斯一样从东走到西。当德伊阿尼拉送给他毁灭性的外套时，他正在欧布亚的克那伊奥海角完成他对宙斯的奉献。然后他把利卡斯抛入大海——使之变成利卡斯岛。从这里，赫拉克勒斯又渡过特拉库斯，到达奥伊塔山，那里有他的坟墓，英雄被埋葬了，穿过云霞升入不朽之神的宝座。从那以后，他自己变成不朽的，而且和年轻女神赫柏结婚。德伊阿尼拉送给太阳英雄的外套，是经常出现于其他神话的一种表达方式。《吠陀》里也有这样一种外套，"妈妈们给她们明亮的儿子穿上衣服"——云霞从水中升起，环绕在太阳周围，像一套黑色的服饰。赫拉克勒斯力图脱去外套，他炽热的光辉穿破厚厚的黑暗，但是火热的雾霭包围着他，而且和太阳的部分光芒混合了，透过天空消散的云霞可以看到垂死的英雄正在把自己撕成碎片，最后，他明亮的身体在漫天大火中毁灭了，他最后的爱人是伊俄勒（Iole）——或许是紫蓝色的晚霞——这个词，至今保存着 ἰός（毒药，尽管 ι 是长音），也许它原本就是有毒外套的神话。

在这些传说里，希腊语言几乎提供了所有的必要因素，从而使这些奇妙的故事可以被理解并理智化，尽管后来的希腊人（我指荷马和赫西俄德）在大多数情况下，从不疑虑这些传说最初是从哪里而来的。有些希腊语汇在希腊语内部是找不到答案的，如果不涉及梵语和其他同语系的方言，它们对语言学家来说，就永远只能是具有传说意义的声音而已；还有一些神或英雄的名字，从希腊语的观点来看，也是不可理解的，除非把它们和印度、波斯、意大利或德国所找到的同时代证据相比较，否则不可能揭示它们的原始特征。有关黎明的其他神话最好用这种方式解释。

ahan 在梵语里是天的名字，据说代表 dahan（耀眼），如同 asru（撕裂）

代表 dasru（流泪，希腊语 δάκρυ）。我们究竟是承认首字母 d 丢失了，还是承认 d 只是个可有可无的字母，并且通过词根 ah 就独立成为 dah 呢？这不是我们现在要解决的问题。在梵语里，词根 dah 意为燃烧，从这个词根出发，可以按照和 dyu（白天）相同的方式，构成一个白天的名称［dyu-（天）、day（日），源自 dyu，天（闪耀）］。而哥特语的 dags（白天）是否和此同源，在这里也关系不大。因为按照格林的法则，梵语中的 daha 应在哥特语中表现为 taga，而不是 daga。[①] 然而，古代雅利安民族的共同名称中，有些是与格林法则相违背的，博普就倾向于认为 daga 和 daha 在起源上一致。当然，从同一个词根出发，既可以构成条顿语指谓白天的词，也可以用作黎明的名称。在德语里，我们说早晨是 tagt；在古英语中，白天是 dawe；而盎格鲁－撒克逊语则称白天为 dagian。于是可以说，Ahanâ 是《吠陀》中黎明的诸多名称之一。它在《梨俱吠陀》卷 1 第 123 章第 4 节出现了一次。"Ahanâ（黎明）来到千家万户，使人们知道每天的到来；Dyotana（黎明），活跃的少女，永远回来——她总是享有一切善美之中最好的东西。"

我们已经看到黎明和太阳之间的各种关系，那时黎明还没有成为在太阳面前飞舞且被她爱人的拥抱毁灭的那个太阳的情人。这在古老的雅利安神话语言里，也是一种非常熟悉的表达方式。黎明死在太阳的拥抱中和黎明在太阳面前飞舞，或太阳粉碎了黎明的车驾，这些表达的意义其实很简单：太阳升起，黎明逝去。因此，我们在《梨俱吠陀》卷 4 第 30 章庆贺因陀罗（《吠陀》中主要的太阳神）业绩的赞美诗中看到下面这些诗句：

因陀罗啊！你强壮的、雄赳赳的行为，打击了女人们难以征服的天的女儿（黎明）。

---

① 麦克斯·缪勒在后来的论文中假定 dhah 为 dah 和 daga 的中介状态。——编者

新几内亚岛猎头民族崇奉的神偶，叶舒宪 2003 年摄于阿姆斯特丹热带博物馆

啊，无论天的女儿多么强大，你，伟大的英雄因陀罗，都把她磨成碎片。

黎明从因陀罗撕碎的车驾里慌忙逃走，公牛会撞击她的。

她的车驾被撕成碎片，散落在那里，她逃之夭夭。

在这些情形里，因陀罗对待天的女儿的举止相当无礼。但在其他场合，除了她父亲之外，天的女儿被天上的所有明亮俊美的男神们爱恋着。据说（《梨俱吠陀》卷1第115章第2节）太阳在她身后追求她，就像一个男人追求一个女人一样。"她——黎明，她的马车由白马驾驶——在狂欢中，被两个双马童（Asvins）弄走了"——就像琉喀帕德斯被狄俄斯库里兄弟抢走一样。①

如果我们把 Dahanâ 转换或直译成希腊语，Daphne（达佛涅）就站到了我们面前，而且，她的整个历史，也都迎刃而解了。达佛涅是"年轻的、美丽的——阿波罗爱着她——她在他面前飞舞，当他用明亮的光芒拥抱她时，她却死了"。或者，像《吠陀》（x. 189）中的另一位诗人所描绘的："黎明来到他的身边，当他开始呼吸时，她便很快死去了——非凡的他照耀着天空。"只要人们如同古代诗人那样用眼观看、用心感受大自然，就可看到达佛涅和阿波罗——黎明在天空中奔跑和摇摆，当明亮的太阳突然出现时，她便逐渐消逝了。达佛涅变形成为月桂树，这是在希腊成长起来的原有神话的独特发展。在希腊，达佛涅不再意指黎明，而是变成月桂的名字。达佛涅树被认为是专供黎明的爱人用的，据说当达佛涅向她母亲祈求再不受阿波罗的

① 要了解双马童和双子神（Dioskuroi）的一致性，参见 J. 伦德尔·哈里斯（J. Rendel Harris），《基督教传说中的双子》（*The Dioscuri in the Christian Legends*），第 12、26、36 页，以及《天生双子的崇拜》（*Cult of the Heavenly Twins*），第 51 页；麦克斯·缪勒（M. Müller），《神话学论文集》（*Contributions to Science Mythology*），第 535—542 页；惠特尼（Whitney），《东方研究和语言研究》（*Oriental and Linguistic Studies*），第 38 页。——编者

暴行侵害时，她自己就变成了一棵树。①

没有《吠陀》帮助，达佛涅的名字及其有关的传说就永远是个不解之谜，因为后来的梵语也没有为这个名字提供答案。这也表明《吠陀》对比较神话学之目标的价值所在，若离开《吠陀》，这门科学就只能是猜测性的工作，既没有固定的原则，也没有可靠的基础。

为了说明在许多不同的方式里神话可以表达相同的观念，我一直把自己局限在黎明女神的名字范围里。黎明是雅利安神话真正的和最丰富的源泉之一。其他层次的神话，包括冬天和夏天的斗争，春回大地，自然的复苏等，在大多数语言里，都不过是讲述日夜冲突，黎明的返回，以及整个世界复苏的更古老故事的折射和扩展。那些关于太阳英雄穿云破雾与黑暗搏斗的故事，也都来自同一源泉。在《吠陀》中经常提到的牛，它们被韦陀罗驱走，而被因陀罗带回，实际上，它们是光明之牛，每天早上黎明女神把它们赶到牧场（云霞）——从它们肥大的乳房流出使万物更新和丰产的雨和露水，降落在干渴的大地上。在自然界，没有什么景象比黎明更振奋人心了。哲学一直教导说"无动于衷"是最高的智慧。然而在古代，拥有令人钦佩的力量是人类的最伟大的福分；黎明之际，人们会比在"光之王、生命之王、爱之王和幸福之王"到来时更强烈地感到振奋，内心会比在任何时候都更能感受到高兴不已和压倒一切的欢乐。夜的黑暗使人心充满沮丧和畏惧，一种害怕和极度痛苦的感觉会在每一个从不发抖的人心中萌生。男子汉会像可怜的孩子那样，焦急地

---

① 参见《梨俱吠陀》卷4，第30章。〔Δάφνη（变体 δαύχνη 和 δαυχμός）被认作易燃的树木，和火红的黎明非常一致。麦克斯·缪勒没有觉察到古代埃及中也有非常有趣的相似，在古埃及"beq 代表黎明的光明"，也是"橄榄树"，（beq 即光明）。参见雷诺夫（Rencuf），《〈经卷考古〉译本》（*Trans. Soc. Bib. Archæology*），卷8，第219页；《英国考古研究所期刊》（*Proc. S. B. A.*），卷14，第219页。泰欧弗拉斯塔斯说火钻是由月桂制成的（不用怀疑，这是种易燃之木），参见《植物志》（*Hist. Plantarum*），卷5，第9章，见 O. 皮切尔（O. Peschel），《人类的种族》（*Races of Men*），第144页。还可进一步参见麦克斯·缪勒（M. Müller），《语言学》（*Science of Language*），第8版，卷2，第548—549页。——编者〕

屏息望着东方，那是孕育白天的地方，世界的光明以前多少次都是从那里爆发的。就像父亲等着他的孩子降生一样，诗人望着沉沉黑夜，等待黑夜降生其光明的儿子——白天的太阳。沉重的大门慢慢打开了，被称作黎明女神的光明畜群，走出了黑暗的牛栏，重返它们往日的牧场。谁没有见过这种光芒四射进程的逐渐发展呢？第一道光芒放射而出，像明亮的马群在地平线上来回奔跑；而后云霞泛出色彩，每一朵云霞都放射出自己的光彩，直照到遥远的姐妹们身上！不仅东方，而且西方、南方、北方，整个天庭都照亮了。

虔诚的崇拜者把自己微小的目光投射在炉边的祭坛上，结结巴巴地说出只能略表大自然和人心中所感到的欢乐——"升起来了！我们的生命，我们的精灵返回来了！黑暗离去，光明到来！"

假如古代人把这些天上的光明称作神，称之为提婆，那么黎明便是诸神的第一位，普罗托吉尼亚对人来说是最可爱的，总是青春焕发、充满朝气。但是，她若不能上升为永恒的存在，只被赞美为美好的事物，像儿童一样每天早上醒来，那她的生命就总是显得短暂。当万光之源在赤裸无遮的光辉中升起，太阳那迅敏的一瞥投向苍穹之际，她便急速消退、灭亡了。我们已不能用古人的眼光和感情来讲述这些景观了。对我们来说，一切都是法则、秩序和必然性。我们已能够测算环境中难以驾驭的力量，以及每个节气中黎明的可能长度，对我们来说，太阳的升起，并不比二加二等于四有什么惊人之处。然而如果我们能够重新相信太阳里有一个和我们一样的生灵，相信黎明中有一位极富人类同情心的精英——如果我们能够把自己带回到那样一种境界，即把这些能力看作人格的、自由的和极可爱的，那在满天红霞之际，我们的情感将会多么不同啊！我们犹如提坦诸神一般自信地说，太阳必定会升起来，但这是早期自然崇拜者们所不了解的，或者，即使人们那时已开始感到某种规律性，循此太阳和其他星宿履行各自的每日职责，但还是认为这是在暂时的劳役中，这些日月星辰依旧是自由的生灵，他们受束缚于一时，服从于一个更高的意志，但在他们完成工作之后，肯定会像赫拉克勒斯一样，获得更高的荣光。当我们读着《吠陀》的某些诗句时，或许觉得他们太孩子气了，如"太阳愿意升起来吗？""我们的老朋友黎明，还愿意再回来吗？""黑暗势力会被光明之大神征服吗？"然而当太阳升起时，人们又惊奇太阳为何刚一出生就如此强大，可以说他的降生扼杀了黑夜的众魔鬼。人们问道："太阳怎样走过漫长的天空？他在路上为何没有履行自己的职责？为什么他没有后退？"但是最后，古人还是像当今的诗人那样迎接太阳："好啊！黑夜的光辉征服者！"人们的眼睛也感受到，太阳不足以承受"他"（上帝）的光辉荣耀，人们称"他"是"生命，呼吸，光明的君主和父亲"。

因此，日出是自然的启示，它在人类精神中唤起依赖、无助、希望与欢乐的情感，唤起对更高力量的信仰。这是一切智慧的源泉，也是所有宗教的发源地。如果说日出唤起了第一批祈祷者，进而第一次唤起献祭的激情，那么日落则是心灵发抖焦虑的时刻。当人们处于愉悦之中时，当人们的朋友离去时，当人们感到孤独，人们的思想再次转向更高力量时，夜幕的阴影降临了，不可抗拒的睡意抓住了人们。当白天消逝之际，诗人悲叹他的光明之友的夭折，除此之外，也在其短暂的生涯中看到自己生命的短少。也许，在他熟睡之后，他的太阳再也不会升起来，那么太阳消亡的遥远西方，在诗人看来，就成为他死后要去的地方，那里，"他的父老走在他的前面"，而且所有的巫师和虔信的人都享有"和阎摩与伐楼拿共度的新生活"。或者，诗人并不把太阳看作一个短命的英雄，而是看作一位青年，他永无变化，永葆青春，在一代一代生命有限的人们的交替中，他始终如一。由此，只通过对比，事物的重要启示不是消亡和腐朽，而是不朽和永恒！诗人总是祈求不朽的太阳再次到来，以便赋予睡眠者们一个新的早晨。这样，白日之神就变成时间之神、生死之神了。黄昏暮色（黎明的姐妹）虽只有昏暗的光芒，但却再现了清晨时光的各种奇迹，它会在沉思的诗人心里激起多少情感——在古代生机勃勃的语言里，它必会孕育出许许多多的诗歌！难道太阳在清晨离开黎明，现在黎明又回来了，给太阳以最后的拥抱？难道黎明是位不朽的、常常返回的女神，而太阳却是每日都死去、短暂的和必死的？或者，黎明也是会死的，当太阳升到神的地位时，黎明来向自己不朽的爱人致以最后的话别，然后在吞噬黎明的火堆里（可以说）被烧焦了？

用古代语言来表达这些简单的意思，就会发现我们自己正处在神话学的重重矛盾和不协调的包围之中，同一个事物既被描绘成会死的也会被描写成不朽的，既被说成男子汉也被说成女的，人类充满诗意的眼睛，经常变化视角，并由此给自然的神话之剧涂上不同的色彩。

《吠陀》里有一个神话，表现了黎明与太阳的这种相互联系，不朽的和凡俗的这种爱，以及黎明与暮光的同一，这就是广廷天女（Urvasî）和洪呼王的故事。这两个名字，对印度人来说，只是个专有名词而已，即使在《吠陀》里，它们的原初意义也几乎完全消失了。

《梨俱吠陀》中有一段广廷天女和洪呼王的对话。在这段对话中，他俩都以与剧作家迦梨陀娑的作品中相同的方式被拟人化了。所以，我们首先要证明的一点就是，广廷天女最初只是一个名称，其意为黎明。

揭示 Urvasî 的词源十分困难。它不可能来自 urva 加词尾 sa[①]，正如库恩博士指出的，这是因为没有 urva 这个词，而且像 romasá、yuvasá 等 sa 的派生词在最后一个音节要重读。所以，我同意印度人的一般解释：这个名字来自 uru（宽广，希腊语是 εὐρυ），以及词根 as（渗透、充满），由此可以把 uru-asî 和黎明的另一个常用称号 urûkî（远去）及其阴性词 uru-ak 相对

---

① 帕尼尼（Pânini），《语法结构规则》，卷5，第2章，第100节。

照。这肯定是黎明最为显著的特征之一，通过这个特征，黎明与天上其他所有居民区别开来，她占据了广阔无垠的天际，或者说，她才思敏捷的马飞驰在地平线上。由此我们还发现，梵语里以 uru 开头，希腊语里以 εὐρυ 开头的名称，几乎都是古老的有关黎明与暮光的神话名称。的确，大地也自称这个名字，但却和光明女神的称号有着不同的组合。黎明的名称有：赫利俄斯的母亲欧律法俄萨（Euryphaessa）、恩底弥翁的女儿欧律皮勒（Eurykyde 或 Eurypyle）、格劳科斯的妻子欧律墨德（Eurymede）、美惠女神们的母亲欧律诺墨（Eurynome）、俄耳甫斯的妻子欧律狄刻（Eurydike），她们作为古老神祇的形象将在下文展开。在《吠陀》里，当提到 Ushas（霞光）或 Eos（厄俄斯）的名字时，几乎无不提及她宽广深远的光彩，如 uruiyâ vibhâti（她光芒普照），urviyâ vikákshe（她显得极为广远），varîyasî（极广阔）。① 这与太阳光不同，太阳光不是被描述成"非常绵延"，而是被说成"极为刺目"。

除了名字外，广廷天女的其他特征也使我们认为她原本是黎明女神。Vasishtha（至富仙人）虽然众所周知是位有名的《吠陀》诗人，但实际上却是 vasu（光明）一词的最高级形式，并以此作为太阳的名称。所以，Vasishtha 原来可能专指太阳，后来则变成古代诗人的名字。他被称作 Mitra（密陀罗）和 Varuna（伐楼拿），即黑夜和白天的儿子，这是唯一涉及 Vasishtha（太阳）意义的表述。而且，由于太阳经常被说成是黎明的子女，所以 Vaa 这位诗人也被说成是广廷天女的儿子（*Rv.* vii. 33, II）。他的出身的这种独特性，强烈地使我们想起赫西俄德所讲的阿佛洛狄忒的出生。

① 希腊语中最接近 Urvasî 的名字看来是 Eúrope（欧罗巴），因为腭音 s 偶然在希腊语中以 π 的形式出现，如 asva 即 ἵππος。唯一的困难是希腊语中的长音 ω。另外，欧罗巴被白色的公牛带走了（vrisha 即男人、公牛、雄马，在《吠陀》里是经常用于太阳的一个称号，然而 sveta 即白色，也同样适用于太阳神），她是坐在它的背上走的（黎明经常被说成在太阳的背上，参考欧律狄刻）；她被带到一个遥远的山洞［黄昏时分，她是阿波罗这位日光之神的母亲，也是弥诺斯（Manu）—— 一位会死的宙斯］，她总是处处和黎明女神一致。

我们发现在《梨俱吠陀》中出现广廷天女名字的几个段落里，归之于她的那些品性同样属于黎明。

人们经常说黎明可以延长人类的生命，这也是广廷天女的故事（Rv. iv. 2, 18; v. 41, 19; x. 95, 10）有一段里居然用作复数，意思是许多黎明和白天增加了人类的生命，这表明这个词的名称作用还没有被完全忘记。此外，她还被称作 antarikshaprâ（充满生气），以及经常用于太阳的一个称号 brihaddivâ（具有强烈的光芒），所有这些都表明黎明的光辉出现了。然而，最能证明广廷天女是黎明的，是她与洪呼王相爱的传说，这个故事实际上就是太阳和黎明的故事。洪呼王是太阳英雄的专有名称，这一点几乎不需要什么证明。Purûravas（洪呼王）的意思和希腊语 πολυδευκης 一样，意为赋予强烈的光芒；尽管 rava 一般用于声音，然而词根 ru（最初意为呼叫）也用于色彩，[①] 意为艳丽和引人注目的色彩，即红色（参考梵语 rudhira，希腊语 ερυθρος，拉丁语 ruber、rufus，立陶宛语 rauda，古高地德语 rôt）。此外，洪呼王还自称 Vasishtha（这也是太阳的一个名字）。如果他也被称作伊达（Idâ）的儿子阿伊达（Aida），那么这个名字在别处（Rv. iii. 29, 3）则用于阿耆尼（火）。

在《夜柔吠陀》这一梵书里，我们看到这个故事的最古老形式：

　　　　广廷天女是一位仙女，她爱着伊达的儿子洪呼王。当他们相遇时，她说："一天拥抱我三次，绝不要违背我的意愿，你不身披堂皇的外袍，我决不见你。"广廷天女以此方式和洪呼王相爱了很长

---

① 《梨俱吠陀》卷6第3章第6节，说火闪耀着光（sokishâ）为 rarapitl（呼喊）；有两个斯巴达教士曾被称作克雷塔（κλητά）和法厄娜（φαεννά），也就是说 Clara 即清楚的声音和清晰的光芒。《吠陀》说升起的太阳如"儿童的哭喊"（Veda, ix. 74, 1）。[参考梵语 ravi，即呼号者、照耀者、太阳。我已收集了一大批关于声音和光的词相互变化的事例，从而在本人 1887 年的著作《一个错误理解的奇迹》（A Misunderstood Miracle）第16—31、81—88 页中说《约书亚书》第10章第12节里太阳的"沉默"这句话。还可参见 L. 诺瓦雷（L. Ncire）《麦克斯·缪勒与语言哲学》（M. Müller and the Philosophy of Language）第86、87 页更为精彩的评论。——编者]

的时间。后来，她以前的朋友乐神乾闼婆说："这位广廷天女在凡人中间已经待了很长时间了，我们让她回来吧。"那时，在广廷天女和洪呼王的寝处，系着一只母羊和两只羔羊，乐神乾闼婆偷走了其中的一只。广廷天女说："他们拿走我的宠物，好像我住在一个没有英雄，也没有人的地方。"他们又偷走了第二只，她再次责备丈夫。而洪呼王看了看说："怎么能说我待的地方是没有英雄，也没有人类呢？"而后，他赤裸裸地跳起来，认为若穿衣服就来不及了。这时，乐神乾闼婆放出一缕光芒，广廷天女在日光下看到赤裸的丈夫。于是她消失了，她说了一句"我回去了"就走了。而洪呼王在哀愁中叹息他失去的爱。后来，他走到库鲁克什陀罗，那里有一个湖，叫作安叶陀普拉克莎，里面布满莲花，当洪呼王从花旁走过时，小仙女们正在水旁以鸟形戏耍。广廷天女发现了他，说："这就是和我长期生活的那个男人。"她的朋友说："让我们显形于他吧。"她同意了，于是她们在他面前出现，洪呼王认出她，说："噢！我的妻子！停一下！你的心太残忍了，让我们说几句话吧！我们的心里话如果现在不说，以后恐怕不再会有机会了。"广廷天女回答说："我和你还有什么好说的呢？我就要像早上第一次那样离去了。洪呼王，你也回家去吧！我像风一样难以抓住。"他听了以后十分绝望地说："你原先的朋友现正在沉落，也许再也不会升起来了；也许会去得很远很远！或许躺倒在死亡的门槛上，那里的狼会迅速地吞食他！"她回答说："洪呼王，你不要死！不要沉落！这样就不会有恶狼吞食你！那里没有和女人的友情，有的只是狼心狗肺。当我以不同的身份在凡间行走时，我和你住在一起，在四个秋天中我们共度了许多夜晚，每天我只吃一次，一块很小的奶油，但即使现在，我依然感到从中获得的愉快。"最后，她的心融化了，她说：
"今年的最后一夜你到我这里来，咱们共度良宵，而后我给你生个
儿子。"这一年的最后一夜，他来到金座椅之地，然而却是孤独一人，
他被告知由此向上走，而后他们把广廷天女送到他跟前。广廷天女
对他说："明天，乐神乾闼婆将满足你的一个要求，给你一件东西！"
他说："你就是我要的东西。"她答道："去跟他们说，让我成为
你们的一分子。"第二天早上，乐神乾闼婆给他选择的机会，但他
却说："让我成为你们的一分子。"乐神乾闼婆说："那种神圣之
火你还不曾掌握，有了这种火就可献祭，由此你就可以成为我们的
一分子。"于是，她们向洪呼王传授了专门献祭的秘密，他照此去做，
便使自己成为乐神乾闼婆的一分子。"

　　这只是个故事，《梵书》讲这个故事是为了表明专门仪式的重要性。这
种摩擦生火的仪式，被说成是洪呼王获得不朽的仪式。故事里引用的诗文来
自《梨俱吠陀》，在《梨俱吠陀》里我们发现收集着许多不同诗文的奇妙遗迹，
即一对爱人之间的对话，它由17句诗文组成。而《梵书》的作者却只知道15句，
不过他引用的诗文里有一句是广廷天女说"我要永远离去，就像清晨第一次
那样"，这说明在诗人脑海里还保留着古代神话奇妙的一缕微光，它使我们
想起门农的母亲黎明女神洒在儿子尸体上的眼泪，这眼泪被后来的诗人称作
清晨的露珠。在第4句诗文里，广廷天女自言自语地说："噢，黎明！当你
和他结婚共居时，你到他的住所去，白天黑夜被他拥抱。"她告诉洪呼王说
他是被神创造出来的，以便阻断黑暗的力量，而这都是归于因陀罗和其他太
阳神的任务。甚至广廷天女同伴的名字也意为黎明。洪呼王说："当我这个
凡夫俗子伸开双臂环抱这些轻飘飘的仙女时，她们就像受惊的母鹿和不服驾

驭的马一样，颤抖着从我这里跑开了。"

没有哪一位女神像黎明这样如此频繁地被称作男人的朋友。她走遍千家万户（i. 123, 4）；她留恋每个男子（i. 123, 1）；她不卑不亢（i. 124, 6）；她带来财富（i. 48, 1）；"她总是如此，不朽和神圣"（i. 124, 4; i. 123, 8）；她永远不老（i. 113, 15）；"她是年轻的女神，但却会使男人变老"（i. 92, 11）。因此，洪呼王称广廷天女是"凡夫俗子中的不朽者"，在最后的诗文里，他对他的爱人讲了如下这些话：

> 我，最明亮的太阳，把广廷天女迷住了，她充满了空气（和光），
>
> 她弥漫天际。你的祈祷会深深地赐福于你！回来吧，我的心在燃烧。

后来的诗人则说："因而神对你说，啊，伊达的儿子，为了使正在奔向死亡的你能够达到这一点（不朽），你的种族应用祭品崇拜神！而后你就能高兴地留在天国。"

我们必须确切地承认，甚至在《吠陀》里，诗人对广廷天女和洪呼王的原意，同荷马对于提托诺斯乃至厄俄斯的原意一样毫无所知。对他们来说，这些人物是英雄，是一种模糊不定的东西，既不是人，也不是神。但是对我们来说，这些人物尽管与我们相距甚远，但他们却显示出自己的真实意义。正如华兹华斯所说："我不无高兴地看见你爬上蓝天，满身赤裸，光彩照人，从雾霭中走了出来。"

古人谈论赤裸的太阳，谈论纯洁的黎明在看到她丈夫之后掩面离去。然而她说她还会回来。太阳走遍世界寻找他的爱人之后，来到死亡的入口处，就要结束孤独的生活时，她同黎明时一样，再次在暮光中出现——就像荷马

手持霹雳棒的宙斯（Zeus）主神，希腊雕塑，叶舒宪 2010 年摄于瑞士苏黎世大学博物馆

史诗中的厄俄斯早晚出现一样——她把他带到不朽的金色宝座上。①我一直选择这个神话，主要是为了说明古代诗歌如何只是古代语言的模糊回音，这个自然简朴的故事如何激励着古代诗人，就像一面深邃的镜子摆在诗人思想的前面，使他看到自己热情的灵魂的映现。如果人心只知道自己的忧愁，它就只能是沉默和郁闷不乐的。它根本不会讲出爱或失。在孤独的忧伤里或许只会有诗，这就是摩涅莫绪涅，这位司掌记忆的沉思女神。尽管她是缪斯女神的母亲，但她本人却不是缪斯。②对其他人痛苦忧愁的同情心，第一次使诗人发表自己的愁苦，张开沉默沮丧的双唇。不过，如果诗人的痛苦异常深刻而神圣，这种情感远远超过了其他的苦难心境，那么这位古代诗人的心就和大自然的心融为一体，在大自然的沉默痛苦中，他看到自己所感受到的和内心遭受过的，有着崇高的相似性。在夜幕降临、日光消退之际，诗人想到自己的光再也不会亮起来了。当他看到太阳亲吻着黎明，他幻想着白天和欢乐会永远持续下去。而当黎明忧虑，变得暗淡，最终离去时，当太阳在到处寻找她，由于看不到她而用非常明亮的眼睛到处搜寻她时，想象也在诗人脑海里油然而生。当他用有韵律的语言讲述太阳的悲欢离合时，他会想起自己的命运——它曾一度被忘怀了。这就是诗歌的起源。这并不是说晚霞就没有魅力。在一天就要凄凉地结束之际，太阳好像就要在遥远的西方死去了，但仍然找寻他的东方新娘，突然，天际门开，黎明的形象再次出现，黄昏的哀泣增添了她的美丽——诗人并没有凝视已经化为乌有的最后一道光芒，而最

---

① 《奥德赛》卷5，第390行。〔但尼生的一节诗完全体现了古代雅利安人的这种精神："暗红的清晨死去了，她的旅行结束了，在黄昏的痛苦中，她那无生气的嘴唇微笑着，半落地横在太阳的门槛上，再也升不起来了。"《美女之梦》（*Dream of Fair Women*）——编者〕

② 所以弥尔顿主张："这不是由记忆女神及其迷人的女儿们祈祷所产生的结果"，见《小册子》（*Pamphlet*）1641年第4期。Musa（Μούσα）意为创造者，来自词根man（思索），由此还派生出 memin-i（我思考或我记得）。麦克斯·缪勒在上述段落里显然认为 Muse 和动词 muse（沉思）有关，纽曼、科尔里奇、帕特摩尔也这样认为。然而动词 muse 是 faire la muse（在空中把握某人的思路或口才），就像一只雄鹿张口等待而用鼻子吸气时所做的一样。看看本人的《民族及其文字》（*Folk and Their Word-lore*），第147—149页。——编者

后一道光芒也没有留在诗人心间。诗人心里燃起的，是对来世生活的希望，那么诗人从哪里再次找到他所爱的和他所失的东西呢？

虽然只是短暂相爱的情焰，但在黎明的东方有个光源为诗人燃烧；当缠绕的睡意终止之际，我的灵魂常常一样地燃烧。（Wordsworth, *Thanksgiving Ode*, 1816）

对于那些了解沉默忧伤的人来说，自然界有许多苦难，这是一种悲剧——自然的悲剧——它是古代世界所有悲剧的源泉。青年英雄的观点——无论他叫作巴尔德辛（Baldr）、辛格尔德（Sigurdr）、塞弗里特（Sîfrit），还是唤作阿喀琉斯（Achilles）、墨勒阿革罗斯（Meleager）、刻发洛斯（Kephalos），他们都十分年轻就死去了——都地方化、个性化了，但这个观念最初是与太阳有关的，太阳或者在白天结束时被黑暗势力击倒，而使这位充满活力的年轻人死去；或者在温暖季节结束时，被冬天的荆棘刺伤而夭折。有一种致命的魔力，决定这些太阳英雄注定离开他们的第一个爱人，从而变成他对她不忠，或她对他不忠，这一点也来自大自然。这些太阳英雄的命运是不可避免的，他们全都死于最亲密的亲友之手或不情愿的奸诈行为。太阳离开了黎明，由于残酷无情的命运而在白天结束时死去了，整个大自然都在哀悼他。或者，太阳是春天的太阳，他向大地求爱，后来他离开了新娘，变得冰冷，最后被冬天的荆棘杀死。这是个古老的故事，但在神话里和古代世界的传统里它永远是新鲜的。因此，巴尔德（他是辛格尔德和塞弗里特的神圣原型）在斯堪的纳维亚的《埃达》中，受到整个世界的爱戴。众神和人类，整个自然界，一切生长的、有生命的东西，都向他的母亲发誓，不会伤害这位光明的英雄。只有槲寄生（它不是生长在地上，而是生长在树上）被忘记了，在冬至这一天巴尔德被它杀死了。

　　就这样，巴尔德躺倒在地，死去了；在他周围洒满大量的刀剑、斧子、标枪和矛。这一切都是众神在玩笑中无意投向巴尔德的，他没有锐器也没有盾牌：在他的心底，注定了槲寄生枝条的命运，槲寄生是告密者洛基送给霍尔德（Hödr）的，不明真相的霍尔德把它扔向巴尔德，这就使巴尔德失去了生命。

波斯史诗中的伊斯凡迪亚（Isfendingar）虽然不曾被任何武器伤害，但命运使他被一根刺杀死，这根刺像一根箭，被鲁斯特姆（Rustem）投进他的眼里。鲁斯特姆只能被他兄弟杀死；赫拉克勒斯被妻子的错爱杀死；塞弗里特因克里姆西尔特（Kriemhilt）的焦急挂念致命，或者死于（被遗弃的）布隆希尔特（Brunhilt）的嫉妒。伊斯凡迪亚只在一位诗人那里是易受伤害的，像阿喀琉斯一样，但也是被哈吉涅（一种刺）伤的。所有这一切，都是太阳神话的片段。整个大自然被划分为两个王国——一个是黑暗、寒冷、死寂的，另一个是光明、温暖、春意盎然和生机勃勃的。辛格尔德在《埃达》中被称作太阳英雄，他是奥丁的后裔，他杀死了魔鬼法弗尼尔（Fafnir），占有了安德瓦里（Andrari）曾加以诅咒的财富。这财富是尼弗龙卡尔（Niflwngar）的，是大地的，被冬天和黑暗的昏暗力量像强盗一样抱走了。年轻的太阳把它赢回来，如得墨忒耳使其复原的女儿的财富更加丰饶一样，大地也再次充满春天的财富。而这之后，在《埃达》中，他遗弃了布伦西尔特（Brynhildr），布伦西尔特在被奥丁用刺刺伤后，命中注定地进入魔法的安眠。现在，像冬眠之后的春天一样，靠着辛格尔德的爱，她获得了新生。辛格尔德是财富的君主，受其命运的驱使，他与布伦西尔特订婚，并从财宝中拿出命运之铃送给她，可是他又必定离弃她。当他到达冈纳尔城时，冈纳尔（Gunnar）的妻子格林西尔德（Grimhildr）使他忘掉了布伦西尔特，并使他和她的女儿古德伦（Gudrun）结婚。他已经开始走下坡路了。他受到冈纳尔的约束，可他必须为自己而征服以前的新娘布伦西尔特，因为她现在和冈纳尔结婚了。

冈纳尔·居卡森（Gunnar Gjukason）表示黑暗之意，因而我们看到那万物更生的春天离去了，是被冈纳尔带走了，就像普洛塞庇娜（Proserpina）被普路同（Pluto）带走，悉多（Sîta）被罗波那（Râvana）带走一样。格林西尔德的女儿古德伦有时也自称格林西尔德，这个名字意指夏天（参考梵语gharma），或指大地和自然界一年中的这段时光。古德伦是黑暗冈纳尔的姐妹之一，尽管她现在与光明的辛格尔德结婚了，可她仍属于昏暗的世界。

冈纳尔——他曾迫使辛格尔德把布伦西尔特让给他——现正计划杀死他的亲属，因为他发现布伦西尔特在辛格尔德那里，正计划她的复仇。霍奇尼（Högnt）曾劝阻他弟弟冈纳尔的谋杀行动，但是最后，当他在冬至安睡之际，他的三弟霍尔德刺杀了辛格尔德。布伦西尔特始终爱着辛格尔德，当她的英雄被杀害之后，她分散了财宝，像南娜（Nana）一样，和辛格尔德在同一个地点被火化，并将一把剑安放在两个爱人之间。古德伦也曾哀悼其夫的死，但很快忘记了他，又和布伦西尔特的兄弟阿特里（Atli）结婚了。阿特里通过妻子的权利要求得到冈纳尔与霍奇尼的财宝，当他们拒绝后，阿特里把他们请到家中囚禁起来。冈纳尔是在见到哥哥霍奇尼的心之后，才透露了财宝埋藏的地点。当这颗心被拿到冈纳尔面前时还在颤抖，他却说这不是哥哥的心。最后，霍奇尼真正的心被拿来了。冈纳尔说："我只知道财宝存放的地点，但即使我愿意把它送给你，它还是要属于莱茵（Rhine）的。"后来，冈纳尔被阿特里绑起来，扔到魔鬼中间。但是他用牙齿演奏竖琴而把魔鬼们迷住了，直到最后，有一条毒蛇爬到他身上，把他咬死了。

刚果部落民的狼神偶像，叶舒宪 2014 年摄于比利时皇家博物馆

如果我们现在再去读 12 世纪末用德语写就的《尼伯龙根之歌》，将看到这个神话发生了多么大的变化。所有这些英雄都成了基督徒，而且都和 4 世纪、5 世纪、6 世纪的历史人物浑然一体。甘瑟（Gunther）在勃艮第被地方化了。我们知道，435 年那里碰巧有个叫甘底卡里乌斯（Gundicarius）或甘达哈里乌斯（Gundicarius）的人为王，而另一个同名的人，按照卡西奥多鲁斯的说法，则是先被埃修斯（Aetius）征服，后来又被阿提拉（Attila）的匈人征服。由此看来，布伦西尔特的兄弟阿特里，亦即古德伦或克里姆西尔特的第二个丈夫，和阿提拉是同一个人，即 453 年的匈人王。不仅如此，阿提拉的弟弟布莱达（Bleda）也一样，他被塑造为最先进攻勃艮第的人，即布罗德林（Blödelin）后被丹麦人杀死。另一些历史人物也卷入这一特殊故事的旋涡，而在《埃达》中根本没有这些人物的记载。因此，我们认为尼伯龙根·迪特里奇·冯·波恩（Nibelunge Dietrich von Bern）就是伟大的希奥多里克（Theodoric，455—525），而不是其他人。他在拉文纳（Ravenna）的战斗中（著名的乌鸦之战）征服了奥多阿塞尔（Odoacer），并住在威罗纳（Verona，德语是波恩）。图林吉亚（Thuringia）的伯爵伊伦弗里德（Irenfried）与希奥多里克（Theodoric）的侄女阿玛拉贝奇（Amalaberg）联姻。然而最离奇的一致性，是布伦西尔特的爱人辛格尔德和奥地利的君主辛格伯尔特（Siegbert，561—575）成为一体。辛格伯尔特实际是和布伦涅霍尔特（Brunehault）成婚的，他战胜了匈人，但由于兄弟奇尔佩里克（Chilperic）的妻子弗里德琼德（Fredegond），死得极为悲惨。神话和历史的 致性如此之大，以至某些英杰即神论的批评家，把整个尼伯龙根的传说，当作奥地利的历史，并使辛格伯尔特被布伦涅霍尔特伤害的事件，成为塞弗里特或辛格尔德被布伦西尔特伤害的基础。幸运的是，回答这些德国人，要比回答希腊的英杰即神论者更容易些，因为我们在近代历史中看到，乔纳德（他至少在奥地利的辛格伯尔特死前 20 年，就写下了他的历史）已经认识到辛格尔德的女儿斯旺西尔德（Swanhild）也被乔芒利克尔（Jörmunreke）杀害了（按照《埃达》的说法，她出生在父亲被害之后），在诗歌中她也被历史化了，如赫马尼库斯就把她说成 4 世纪的一位哥特王。

现在，让我们把从德国神话的逐渐发展中了解到的东西，用于希腊神话的研究。这方面也有明显的历史事实。围绕这些事实，赫拉克勒斯的神话被具体化了，只是我们不能像在尼伯龙根神话里那样加以证实，因为没有同时代的历史文件。作为首领的赫拉克勒斯，被描绘成属于高贵的阿尔戈斯家族。或许曾有一位赫拉克勒斯，他被称作安菲特里俄斯（Amphitryos）的儿子，其子孙在一度流放之后，再次征服了赫拉克勒斯曾统治的那部分希腊领土。他神奇的降生、他的许多英雄业绩，以及他的死亡传说，都很少建立在如同塞弗里特传说的历史事实上。在赫拉克勒斯杀死奇美拉及类似巨怪的故事中，我们看到德尔斐的阿波罗杀死巨蛇的影像，或明亮的苍天之神宙斯的影像，赫拉克勒斯和宙斯共享有伊达山、奥林匹斯、造就万物等称号。当辛格尔德和冈纳尔的神话，把其微弱的光芒照射到勃艮第诸王、阿提拉和希奥多里克身上时，赫拉克勒斯的太阳神话也在半历史的条件下，作为阿尔戈斯和迈锡尼的王子产生了。赫拉克勒斯或许是赫拉克勒斯族的族神之名，其意可解释为赫拉之敌。因为在多利斯人移民定居之前，对赫拉的崇拜在阿尔戈斯极为盛行。先前关于某些神的业绩现在都归到赫拉克勒斯的名下，他成为赫拉克勒斯族人（他们是他的崇拜者或子孙）的领袖，与此同时，许多和这一族人相关的当地的或历史的事实，也借助这位神圣英雄的神话组织起来了。赫拉克勒斯好像命中注定要当欧律斯透斯的奴仆这个观念，正是起源的观念——太阳羁身于自己的工作，用自己的力量和美德终日为自己的子民辛劳的观念。正因如此，塞弗里特要为冈纳尔效劳，甚至阿波罗也要给拉俄墨冬当一年奴隶——这是含蓄的表达方式，由于缺少更抽象的动词只能如此，即便现在的诗人有时亦如此。

> 身着合体盛装，迈着庄重步伐，束缚于锁链。这锁链管束你遵循神为你规定的道路前进。（Wordsworth, *Thanksgiving Ode*, 1816）

叙事诗和悲剧诗的进一步发展或许就是希腊、印度或条顿的诗歌；不同的天际有着不同的颜色，不同的季节有不同的温度；不仅如此，还吸收采纳了许多偶然情形和历史事件。如果我们就此打断对它们的分析，那么可以说，流淌在一切古代诗歌中的血液都是一样的，这就是古代神话的言语方式。早期雅利安诗歌赖以成长的环境是神话的，充满了在此环境中呼吸、生活的人所不能抗拒的东西。这就像现代诗歌中的海上女妖的嗓音一样，促使诗人们用某种共同的语言，写出如此之多的共同观念。

我们已经了解到希腊和条顿诗人如何塑造了他们的史诗英雄，现在让我们看看黑皮肤的印度人是否也能够造就同样美丽的云雾，环绕在他们的神话传说的姓名周围？

印度诗人经常讲述洪呼王和广廷天女相爱的故事。我们可以在他们的叙事史诗中，在他们的《往世书》里，在《故事海》（印度特有传说的汇集）里看到这个故事。它经历了许多变化，甚至在迦梨陀娑的戏剧[①]（我将对此做简短的概述）里，也看到不同的背景。我们羡慕这位生活在新时代的诗人，他有着把人类的情感化入早已被人遗忘的语言中的凋谢、衰微的名称里的技巧。

[①] 威尔逊（Wilson）教授首次在其《印度戏剧》（*Hindu Theatre*）中精美地翻译了这个剧。第一版印于加尔各答，后来又重版了几次。1856 年威廉姆斯（Williams）教授出版了一部非常好的版本。

第一场开幕的场景是喜马拉雅山的景色。天堂仙女们参加完一个神的集会后，在返途中遭受攻击，并为广廷天女被一个恶魔带走而忧伤。洪呼王驾着他的双轮战车，听了她们悲伤的原因后，赶紧去解救这位仙女。他在击败恶魔之后迅速返回，把广廷天女送回伙伴们的中间。然而就在他用自己的双轮战车把这位仙女送归其友时，他们彼此相爱了。他描述自己怎样看到她从惊恐中慢慢地恢复过来：

> 她苏醒过来，虽然非常虚弱，月亮悄悄爬上夜空，羞怯而缓慢；熊熊燃烧的火焰在烟云中闪现；恒河清除她混乱的情波，毁灭吞噬了崩溃的河岸，横冲向她颤抖的心田，再次冲出一条清晰而堂皇的溪流。

当她们离去时，广廷天女希望能再次转回来看看洪呼王。她自称一束蔓延的葡萄藤缠住了她的花环，同时装作不能自拔的样子，召唤她的朋友解救她。她的朋友答道："恐怕这不是件轻松的工作。看来你被缠绕太深难以解脱了，但是靠我们的友谊，看看还能做些什么。"

这时，洪呼王的目光和广廷天女的目光相遇，他惊呼道："千恩万谢，可爱的植物所给予的友善帮助，使我赢得又一个机会，但我们只能相看一瞬，美中不足啊，这些半遮半露的魅力。"

在第二场里，我们见到正在阿拉哈巴德住所的洪呼王。他由一个婆罗门（在印度戏剧里他扮演仁慈的角色）陪伴着，在宫殿的花园里散步。他是洪呼王的心腹密友，知道洪呼王爱着广廷天女。但是他非常害怕泄露这一对王宫里任何人都须保守的秘密，尤其对女王更是如此，便隐身于一个隐蔽的宫殿。女王的一个女仆在那里发现了他，由于"一个秘密在他心里从不能停留得比早上露珠掉在草上更长久"，所以女仆很快从他那里了解到洪呼王为何在与恶魔交战归来变化如此之大，她把这件事告知女王。与此同时，洪呼王正陷入绝望，正倾诉自己的悲伤："像一个和溪流争斗的人一样，依然被水的力量向后推倒。"

然而广廷天女也正在渴念着洪呼王，我们突然看到，她和朋友们从天而降来见洪呼王。起初洪呼王看不到她们，而她们却听到他爱的自白。广廷天女在一片桦树叶上写了一首诗，让它飘落在她爱人躺卧的树荫处。接着，她的朋友变得可以看得见了。最后，广廷天女也显形于洪呼王面前。然而，转瞬之间，广廷天女和她的朋友被神的信使召唤而回，洪呼王又是孤独一人，只有他的弄臣陪着他。他寻找广廷天女首次表达其爱恋的那片树叶，但是树叶已不见了，它被一阵风吹走了。

> 南来的微风，是爱和春的挚友，他从你获得的芳菲之花里穿过，散发着芳香，然而为什么要抢走这可爱的书信？这出自她的芳手，是她情爱的证明。你知道，那茫然松林中的孤独爱人，靠如此痴爱的情书活着。

然而情况比这还糟，那片树叶让女王捡到了，她到花园来寻找洪呼王。于是，夫妇间发生口角，很快，她的尊严尽失，哭得像雨中的一条河。而洪呼王则加倍地惧怕，因为他虽然爱恋广廷天女，但他知道自己要尊敬服从女王。最后，他退却了。

> 这是过午时分，发热使人力竭，孔雀跳入浅池，池水淹过其高高的双脚。令人昏睡的蜜蜂沉睡在山谷中忘忧树做的房子里，花瓣

闭合便进入黑暗。现在，温暖的湖边上，野鸭悄悄漫游在芦苇丛中。即使在这里，他那金丝笼中的鹦鹉也在诉说苦衷，并想饮水以解自己的愁渴。

第三场一开始，我们便看到广廷天女遭遇了不幸。当她再次被召回到因陀罗的天庭时，她只得在因陀罗面前行动。她担当起美丽女神的角色，而美丽女神则必须选择毗湿奴做自己的丈夫。毗湿奴的另一个名字叫至尊。当可怜的广廷天女被要求承认她爱谁时，她忘记了自己所担任的角色，说"我爱洪呼王"，而没有说"我爱至尊"。剧作者对此错误非常激动，因而诅咒广廷天女失去她的神知。当演出结束时，因陀罗看到站在一旁的广廷天女，她既羞愧又沮丧。他对她说：那个让她痴迷的凡人是他的朋友，曾在诸神与敌人的大战中于危难之际帮助了他，因此获得了他的认可。所以她应该回到洪呼王身边去，"直到看到她为洪呼王生养子嗣"。

这一场的第二景是在皇宫的花园里。忙于国务的洪呼王在夜幕降临时休息了。

白天结束了，对国务的焦虑并没有减轻个人的烦恼。怎样度过这漫漫黑夜？长久的忧郁并没有产生解脱的征兆。

女王派来的信使到了，通报女王陛下想在亭阁平台上见他。洪呼王服从了——当月亮升起时，他踏上水晶台阶，东方微露一抹红色。

时光已晚，被他眼睛无法察觉的光芒照亮了，在四面八方，夜晚的忧伤隐退了，在此当中，地平线红似火焰，如一张漂亮的脸庞在忽高忽低的连绵崖壁上的乌云中微笑。我要永远凝视它。

当洪呼王正等女王之际，他对广廷天女的思念再次袭来：

　　我的爱的渴望变得更加炽热，因为快乐似乎远离了，新出现的障碍阻断了我的幸福——像一股奔腾的急流，被砥柱之石阻断了，片刻之间延缓了它的奔流，等到急流涨高了，它便满怀激怒地冲过去。当月亮放出光彩时，我的爱随着夜的脚步而加剧。

突然，广廷天女乘着天车来了，她的朋友陪伴着她。她们还是隐身不现，听着大王的独白。但就在广廷天女揭开自己的面纱时，女王出现了。女王一身素装，没有任何美饰，暗自发誓前来与丈夫和解。

　　洪呼王："真的，她令我高兴。穿着最纯洁的一身白素，她的丛丛发卷只点缀着圣洁的花朵，她高傲的风采换来了温存的挚爱——如此仪表而魅力倍增的她，姗姗而来了。"
　　女王："我仁慈的君主，我想举行一个仪式，这个仪式是专为你做的，请您务必容忍我的仪容短时给您造成的不便。"
　　洪呼王："你看错我了，你的仪容是美好的。……然而我相信，这娇嫩的身体，就像莲藕一样轻盈精致又柔软，无须被庸俗之物禁锢。在我看来只是你的奴隶，之所以和解是为了所需要的东西而不是你的关心——你的美好就是我的幸福。"
　　女王："不要破坏我的誓约，因为它已经说服我，听从我王得意扬扬的话。"

然后女王履行她庄严的誓言，参拜月神。"听啊，并证明我为丈夫立的神圣誓言！无论多么美貌的女郎引诱我的君王，获得他的青睐，和他互定爱的保证，从今以后我都要友善和满意地相待。"

那位婆罗门（洪呼王的密友）——这个从王手心里逃走的罪犯被抓住了，他发誓再也不犯此罪——来到王身边，（大声说）那么，他的尊贵与你的文雅有什么不同呢？

女王："聪明的先生，我已经放弃了自己的幸福，你怎么还想怎样再增进他的幸福呢，难道此行目的就是证明他不再爱我了吗？"

洪呼王："我不是你所怀疑的那个样子。天使和你同住在一起，正如你所愿意的也和我同在一起。你高兴叫我做什么，我就做什么，如果你高兴的话，我依旧做你的奴隶。"

女王："你愿怎样就怎样吧。我的誓言已有保证——假如我的仪式使你满意，这就不是徒劳一场。来吧，姑娘们，我们告别吧。"

洪呼王："不要这样做，如此匆匆离去不是友好的表示。"

女王："请你务必原谅我，我不能不放弃我一直庄重承受的职责。"

这一幕夫妻修好的情景，以友善的光彩遮掩了大王的真正品质，我们也难以想象女王所扮演的角色会出现在古代舞台上，而只能设想广廷天女的直接显现。在洪呼王和妻子进行谈话时，她虽然隐身，却一直在场，此刻，她走到洪呼王的身后，用双手蒙住他的双眼。

这一定是广廷天女（大王说），尽管这纤手如此瘦弱，但比任何人的手更令人销魂。太阳的光芒不会唤醒夜的花朵；只有它觉察到月亮的爱时才开放了。①

广廷天女友善、认真地接受了女王的退位，并要求洪呼王公正地对待她。她的朋友离去了，现在她作为洪呼王所爱的妻子和洪呼王在一起。

广廷天女："我引起我王忍受如此长久的痛苦，心里很悲伤。"

洪呼王："不，不要这样说！痛苦之后的欢乐，增加了比伤痛之前更浓烈的滋味。昏昏欲倒的旅行者在难熬的白天沿着他的路线前进，值此友善之树的令人愉悦的阴凉才令人感到非常甜蜜。"

下一场是全剧的高潮，尽管没有舞台场面使我们难以想象它怎么演，因为这在现代戏剧中是不可能的。这是一个情节夸张的间奏曲，而且在风格上也与其他场景不同。这一场全是诗歌，有着最完美和精雕细琢的韵律。此外，它不是用梵语写的，而是用西北部俗语写的。这种俗语在形式上不如梵语丰富，但在语音上要比梵语悦耳动听。某些诗句像是用来合唱的曲调，然而剧本所给的舞台范围，要想准确地实施这种表演，技术上是非常困难的。

我们首先看到仙女们的合唱，她们哀叹广廷天女的命运。广廷天女一直和洪呼王在一片树林中居住，共享着宁静的幸福。

---

① 可参考一个非常著名的传说。有一种荷花在太阳出来时开放，在夜间闭合。正因如此，日出之神 Harpoerates 被描述成一个婴孩，生于莲花——哈得斯的花［参见罗林森（Rawlinson），《希罗多德》（*Herodotus*），卷 2，第 149 页；威尔金森（Wilkinson），《古代埃及》（*Ancient Egyptians*），贝赫（Brich）编，卷 2，第 407 页——编者］，或 Nun（太古之水）的花［参见厄尔曼（Erman），《埃及宗教手册》（*Handbook of Egyptian Religion*），第 26 页；马斯佩罗（Maspero），《文明的黎明》（*Dawn of Civilization*），第 14 页。——编者］而另一方面，月亮所爱的花却是夜开昼合的。我们也有相近的延命菊神话，盎格鲁 – 撒克逊语 daeges eáge（白天的眼）也是华兹华斯所爱恋的。

一位天上的仙女在沙滩上嬉耍，当她沿着曼达基尼河岸高兴地闲逛时，引起洪呼王的不时关注。这引起广廷天女的嫉妒之怒。愤怒的广廷天女忘记了所有妇女都会在室犍陀的仇恨森林中受阻的法则。由于冒犯了禁地，她要蒙受自己罪过带来的惩罚，那些松树直到她应获得自由时，才会变成纤细的藤蔓。

空中传来了忧伤的情曲：

"柔和的音腔在空中低回，当仙女们一起飞翔时，听到一个伙伴的忧伤和悲痛，她们再也见不到这位朋友了。当东方破晓、红色的莲花在波浪上破碎时，河流上的天鹅发出悲伤的哀吟和优美的呼唤。

"在湖中间，光闪闪的莲花向着太阳开放，天鹅因为失去了伙伴而憔悴，她悲哀而默默地在寂静的小溪上游荡。"

现在，洪呼王登场了，他心神慌乱，衣着不整。场景是一片原始森林，乌云低垂，有一些大象、小鹿、孔雀和天鹅隐约可见。还有岩石和瀑布，电光闪闪，暴雨如泼。洪呼王在一块乌云后面愤怒地追赶，因为云中有个恶魔抢走了他的新娘。

"站住，你这不忠不义的朋友；停止你的飞跑——啊，站住！你要把我美丽的新娘劫到哪里去？现在，他的箭刺伤了我；粗重如电，在那边的峰峦上，尖利的峰顶刺穿了天空，它们用暴风雨洗浇我的头顶，他向前发动攻击，然后停止，向天张望。这不是恶魔，而是祥云——这不是敌意的箭，而是因陀罗的弓；尽管冰冷的雨点纷纷落下，但却不是装有倒刺的箭杆——由于我的爱而错怪了闪电。"

这些痴言醉语被上天对爱人分离命运的悲叹打断了；然而，如

古埃及金镶青金石、绿松石圣甲虫，象征太阳神

果不提出比我们能够想到的更为丰满精彩的东西，那么要形成整体的真正完美的观念是不可能的。下面这个段落或许能满足这一点。

"啊！我无论看到什么都只能加重我的苦恼。带着露珠的明亮和摇曳的花朵，就像这些挂满泪珠的可爱的眼睛一样。我怎么才能知道她是否总以这种方式离去呢？"

他与各种鸟讲话，问它们是否看到了他的爱人，孔雀是"黑蓝色前额和乌黑发亮眼睛的鸟"——杜鹃使"恋人相信它是爱的使者"——天鹅，"它们向北飞行，它们优美的身姿表明它们看到过她"——卡克罗伐卡则是一种夜间与其配偶分离的鸟——然而它们都没有回答他。不仅他找不到她，就是在莲花瓣中咕哝低语的小鹿，就是在卡达姆巴树下与其配偶相依偎的高贵的大象，也都没有见到失踪的她。

洪呼王：（离开他的伙伴，得到一个树枝，这树枝是从芳香树上折下来的——它充满新生的嫩枝和迷人的芬芳。他拥护它。在高山深谷中咧着大口的陷窟里出现了——这陷窟阴影极大，甚至笼罩了天地间仙女们常去的地方）"或许，我的广廷天女现在隐身在山洞里，住在冷冰冰的地方。我将进去，不论一切是多么黑暗。电光闪闪，火焰指引我前进——云彩不愿为我流射出万道光芒，不，这不是我所应有的命运。就这样吧。我将隐退的——但这只是岩石最初讲的。"

画外音："迈着粗重的脚步，挺进勇敢的胸膛，野公猪搜寻灌木丛林。他把地拱起，就像在森林里黑暗的居所寻找一般。"

洪呼王："请说话，高山、斜坡的那边是森林的边缘——啊，告诉我，你可曾见到一位仙女，美丽得像一位可爱的新娘，她那苗条的身影登上你峻峭的山顶，或者疲倦地在你皇冠般的树林里歇息？怎么！没有回答？也许因为离你太远了，你听不见我的话——那我就再走近些。"

画外音："从水晶般的山顶上，闪闪发光的泉水奔流到花旁，天上的神灵在快乐地歌唱，歌声回响在他隐身的山峰之间。高山非常友好地说——我的美丽仙女的脚，是一直踏在这平静的静修之所上吗？"

洪呼王："现在，由于我的祈求，它回答了！它看到过她，可她在哪里？说呀！啊！再次让我失望。我只听到自己问话的回声，它们走进山洞的空空大口，又返了回来。啊！广廷天女！疲劳战胜了我，我要在这山间急流边休息一下，微风从急流的冰冷波涛里带来清新的凉意，我要从中获取精力。当我凝视着水流，它汹涌的混浊的波涛依然在奔流，一个非常奇妙的、充满光明的形象在我灵魂中出现：潺潺流水像她弯弯的眉毛；鹳儿振翅的形象和她羞怯的舌头一样；冒泡的浪花，像她松散飘逸的白色长袍；而这蜿蜒的河流，则像她婀娜而行。所有这一切，都唤起我转瞬失去的爱。我一定要安慰她……我要回到我的爱丧失的原地。那里，黑鹿半躺半卧，我要向它寻问。啊，羚羊，停一下……怎么！它转移了目光，好像不屑听我的恳求！啊！不，它那焦虑的样子表明它的雌羚羊正向它走来。雌羚羊缓缓而来，蹦蹦跳跳的小羚羊妨碍它走路。"

最后，洪呼王发现一块红彤彤的珠宝，它是乌尼翁的珠宝，凭着巨大的迷惑力，它可使广廷天女恢复她的爱。这珠宝曾放在广廷天女的前额上。于是，洪呼王得以和他可爱的女王重返阿拉哈巴德的住所。

远处的浮云应是我们如绒一般的车驾，使我们身轻如燕，一路光明，电光闪闪构成耀眼的旗帜。因陀罗的露珠（雨珠）悬如帘幕，犹如苍穹华盖。绚丽多彩，辉煌灿烂。（云退。音乐起）

第五场即最后一场是从不幸事件开始的。一只鹰抢走了使他们重聚的红宝石。治安官被派去追捕那只贼鹰。不久，一个村人带来了那颗宝石和杀死鹰的箭。箭杆上有一段铭文表明这支箭属于长寿王，长寿王是广廷天女和洪呼王的儿子。洪呼王并不知道广廷天女曾为他生了一个儿子，但是正当他还在游寻之际，一位女苦行者来了，她领着一个手中握弓的男孩子。他就是长寿王，广廷天女的儿子。广廷天女把他交给虔诚的克雅伐那，克雅伐那在森林中教养他，现在把他送回到广廷天女的身边。洪呼王立即认出长寿王就是他自己的儿子。广廷天女也过来和洪呼王拥抱，她目不转睛地望着他，起伏的胸腔撑开了纱丽。

然而，她为何要隐瞒自己儿子的出世？为什么她现在突然热泪盈眶？她向洪呼王讲述了自己的情由："当我为了你的爱而高兴地离开天庭时，天帝曾宣告他的旨意：'去吧，我的朋友，和那个王幸福地生活在一起，但是当看到你为他生的儿子时，你就直接返回这里。'命定的期限到了，为了安慰儿子的父亲以弥补我的过错，儿子被送回来了。而我却不能在此停留了。"

洪呼王："炎炎夏日中的树衰微地向前倾倒，当雨露滋润时苏醒了，刚刚长出繁茂的嫩芽，然而啊！霹雳当头，又把它击倒在地。"

广廷天女："但我还能做什么呢？在人间的使命我已完成。大王会很快忘记我的。"

洪呼王："最亲爱的，不要这样。要忘掉我们的爱，使我们爱的记忆烟消云散，这不是令人愉快的任务。但我必须屈从伟大的上帝，而你也要服从你的君王。今后，我将把王位传给我的儿子，而我则伴随着鹿，在孤独的树林里悲伤度日。"

正当年轻国王登基仪式进行的时候，叱咤风云的人物突然出现——因陀罗的使者那罗达。

使者："大王，你的日子还很长！请你记住，伟大的因陀罗无所不知，而我则宣告他的伟大旨意。放弃你欲苦行的悲伤意图，广廷天女终生都遵守神圣的契约，和你结合在一起。"

所有这一切都圆满地结束了。手执金瓶的仙女们从天庭飘飘而下，金瓶里装着神圣的恒河水、一个宝座以及她们安排的器具。王子在典礼中成为君王的助手，大家都向女王致敬，因为她非常宽宏大量地放弃了自己的权利，以支持天上的广廷天女。

到此，我们得到一朵丰满的花。我们在《往世书》《摩诃婆罗多》《梵书》《吠陀》中追寻它的根茎，同时，它的种子深深埋在语言的肥沃土壤中——所有的雅利安方言都从中汲取力量和营养。卡莱尔先生曾一语破的地指出："因此，尽管传说或许只有一个源泉，但却像榕树一样，能够长成一株盘根错节的大树。"所有洪呼王和广廷天女的故事根源，也都是以古代方言非常喜爱的寓言方式表达出来的。所以，"广廷天女爱着洪呼王"意为太阳升起来了；"广廷天女看见赤裸的洪呼王"意为黎明离去；"广廷天女再次见到洪呼王"意为太阳西落。洪呼王和广廷天女是印度本土的名字，不能指望在其他雅利安方言里也可找到完全相同的名字。然而相同的观念充满希腊神话语言。如黎明的众多名字之一是欧律狄刻（第 128 页）。她丈夫的名字像许多希腊词一样令人莫名其妙——Orpheus（俄耳甫斯）和梵语 Ribhu 或 Arbhu 是一样的词，尽管它们作为三个"时间流动"的名字已家喻户晓，但在《吠陀》里却用作因陀罗的称号，即太阳的名字。那个古老的故事是这样说的："欧律狄刻被一条巨蛇（即黑夜）咬伤，她倒下了，掉入冥界。俄耳甫斯追寻她，他从神那里获准，只要他不回头看，就可以把妻子带回来。俄耳甫斯如约而行——从黑暗世界向上升起。欧律狄刻随他上升，但是，由于怀疑或出于爱的驱使，他回顾了一下，太阳的第一道光芒在黎明之际喷薄而出，于是黎明便消退了"。或许，古代有位名叫俄耳甫斯的诗人，因为古代诗人喜用太阳的名字，然而无论他存在与否，即使真的如此，俄耳甫斯和欧律狄刻的故事，都既非来自现实事件，亦非凭空捏造。在印度也是如此。"时间流动"的故事由于具有一些非常相似的名字，便带有地方化和历史的色彩。一个人或一个名叫布利巴的部落（*Rv.* vi. 46, 29）[①]被允许进入婆罗门公社，他们全是木匠，偶尔也为持力仙人做些金属活。由于他们没有吠陀诸神，就把"时间流动"转变为神信奉，并把许多事物都归于这些神灵，而这些神名最初只是用来称呼凡人布利巴的。用历史的事实来解释，绝不会形成神话学的分析。然而只要我们知道应怎样考察它，就能得到真正神话学的回答。这是一种语法，通过它可以把古代方言转化为一种雅利安各语支的共同母语。

我必须尽快结束本书了，但是有一个问题不解决，会令人不快。这就像一座拱桥，虽然每块石头都往下掉，但整个拱桥却可承受最强的压力。在不止一个神话里，我们看到太阳和黎明如何产生诸多的爱的表达，由此我们可以问：在雅利安各族分化之前，人们已经知道最古老的神——爱神了吗？在那个历史初萌的遥远时代里，人们知道 Eros（厄洛斯）了吗？人们用这个词

[①]《摩奴法论》第 10 章第 107 节解释了这段故事，并且说明应如何正确地理解它。

称呼爱神时意义何在？Eros 赖以产生的共通语源是梵语词根 vri 或 var，它们的意思是选择。

如果爱（Love）这个名字最先出现在我们的大舞厅里，这种语源学或许可以得到辩解，然而即使如此，衡量、比较以及慎重地选择这些观念，肯定不会充斥于恋爱史上显赫人物热烈而纯真的心中。让我们尽可能地想象一下，人类年轻时健康而强烈的情感，无拘无束地听从心灵的呼唤，根本不受文明社会律法与成见的束缚，而只受自然和本能铭刻在每个人心上的法则支配。我们可以想象，心灵在突然被爱照亮的时候——这种爱的诸感，既不知道来自何方，也不知道居于何处。这是一种人们不知如何命名的刺激。如果人们想为之命名，能到哪儿去找寻呢？爱对人们来说，难道不是如梦初醒吗？不是像晨曦一样，用绚丽多彩的天光照亮他们的灵魂吗？它使人充满温暖，它以清新的微风使人身心一新，使人周围的整个世界放射出新的光彩。假若真是如此，有一个现成的名称可以表达爱；太阳的东升，它像一朵粉红色的花，报告爱的黎明，即白天的红晕。人们说"太阳升起来了"，正如我们所说的"我爱"；他们说"太阳当空"，我们则说"我在热恋中"。

如果我完全摆脱现有语言的绳索，足以猜测到这一点。而且，这也被古代话语的分析充分证实了。梵语里黎明的名字是 ushas，希腊语是 Ἐως，两者都是阴性的。然而在《吠陀》里，也曾提到阴性的黎明，甚至称作黎明的太阳（Agni aushasya, 'ῳος），在此意义上，或许应认为 usha 在希腊语中，当采取 Ἐρως 的形式。s 经常转变为 r。在梵语里，s 加一个有声破裂子音而转换成 r，这是个普遍的法则；希腊语中简练形式，oρ 可与 oς 互换（Ahrens, D. D. §8）；在拉丁语里，两个元音之间的 r 经常在古代描述中，以更为古老的形式 s 出现（asa 即 ara）。ushas 这个词在拉丁语里采取了 aurora（光）的形式，它来自一种过渡形式 auros、auroris，就像 flora（花）来自 flos、floris 一样。

然而，这些相似语的同源性虽然真实可信，但是如果比较语言学家认为由此可以确立梵语 sh 转换成希腊语 r 的法则，那就只能是混淆视听，用尘沙迷住了自己的眼睛。因为，无论其他方言展现出什么样的相似语，梵语中两个元音中间的 sh，至今尚未被证明可以和希腊语的 r 相互替换。所以 Eros 不可能是 Ushas。

厄洛斯是破晓的太阳。《吠陀》经常用跑步者、飞快的赛跑人，或者直接用马①来称呼太阳。在希腊比较富有人格化的神话和《吠陀》的部分章节里，太阳都被描绘成站在他的马车上。这驾车在《吠陀》里是由两匹马、七匹马或十匹马拉着，而在希腊神话里则是四匹马拉着："赫利俄斯驱赶四马驾辕的光灿灿的大车，照耀着大地。"

这些马被唤作哈利塔（Haritas），它们总是阴性的，人们说它们是幸福和快乐的（i. 115, 3），多彩的（i. 115, 3），在露中沐浴（iv. 6, 9），迈着健美的步伐，伴以爱的同伴（v. 45, 10）。在《梨俱吠陀》中，我们读到这样的诗句：

太阳驾驭十匹哈利塔旅行。——《梨俱吠陀》卷 9 第 63 章第 9 节。

七匹哈利塔会用它们的车，带来光明的太阳。——《梨俱吠陀》卷 1 第 50 章第 8 节。

七匹哈利塔带来了世界的监护者——太阳。——《梨俱吠陀》卷 4 第 13 章第 3 节。

然而在其他段落里，它们采取了更为人化的形式，正如黎明有时被唤作

---

① 在巴比伦语、迦南语、希伯来语、条顿语和其他民族语言中，马都是奉献给太阳的，它拉着太阳的双轮战车。参见《两个王》（*Kings*），卷 23。——编者

阿丝伐（母马），并将此作为其姐妹的名字。哈利塔也被说成是七姐妹（vii. 66, 5），在一个段落里，讲述了"带着美丽翅膀的哈利塔"（ix. 86, 37）。列举上述现象之后，我们用不着再指出这里已揭示了美惠女神（Charites）的原型。

我应当循着美惠女神和梵语哈利塔相等的识别线索，扩展比较神话学，但我必须回到厄洛斯的讨论上来，因为在这些神话伙伴中，他出现的次数非常之多。如果我们依据希腊语和梵语都采用共同的雅利安词汇演变的法则，把希腊语的 ἔρως 译成梵语，就会发现它的引申后缀 ως、ωτος 同 perfect（完美）与 corresponds（符合）的分词字尾是相同的，因而和梵语 vant 相等，它的主格是 vâ，属格是 vatas。由于梵语里没有 e，希腊语的 ρ 和梵语 r 相等，所以 ἔρως、ἔρωτος，若原原本本地以梵语形式出现，就应是 a'rvân、árvatas。在较晚的梵语里面，a'rvân 指马，但在《吠陀》里，它还保留着较多的基本功能，并用作快跑、猛烈的意义。它经常用于太阳，因而在某些段落里它成了太阳的名字之一，而在其他段落里，它又用作实名词，意为马或骑马人。因而，由于古代语言中同音字特性的不可抗拒的影响，即使讲话者没有受到任何诗情画意的作用，他们也会把太阳称作 arvan，同时，说它是一匹马或一个骑者。arvan 这个词，虽其本意在于描述太阳的迅行，可是久而久之，它促成把太阳变成一匹马或一个骑者的其他观念形成了。如在《梨俱吠陀》卷1第91章第20节有这样一段话，其中 arvan 就意为马："苏摩神给我们奶牛；苏摩神给我们快马，苏摩神给我们强壮的儿子。"在卷1第132章第5节处的另一段里，arvan 意为骑手："骑手生来没有马和马勒。"这里的骑手指的是正在升起的太阳，整个韵文是把太阳说成一匹马。不仅如此，语言和思想的发展非常之快，以至《吠陀》里的神话，可以说又回到原处。某一位诗人（i. 163, 21）赞美明亮的 vasus，因为"他们把太阳造成一匹骏马"。因此，

árvan 不需任何形容和解说，仅靠它自己就可变成太阳的称号，这和 sûrya、âditya 或太阳的其他已有头衔是一样的。在《梨俱吠陀》卷 1 第 163 章第 3 节，诗人对太阳说："啊，Arvan（马），你是 Aditya（太阳）。"而在卷 1 第 12 章第 6 节，诗人则用这个名字祈求阿耆尼（太阳）："啊！Arvan，你使我们摆脱邪恶的宣判！啊，阿耆尼周身燃烧！你给予财富，你驱走所有恶魔；让我们幸福生活到百年；让我们子孙繁衍，身强力壮"。

在我们能够说明印度语中太阳这个名字的线索如何变成希腊爱神的重要线索之前，我们还要注意到，在某些场合，马（阳光）不仅被称作哈利塔，而且被唤作 rohitas 或 árushis。《梨俱吠陀》卷 1 第 14 章第 12 节还说："啊，明亮的阿耆尼，让 A'rushîs（阿鲁什）为你驾车！Harítas（哈利塔）、Rohíts（罗希塔），它们把众神带到我们面前！"这些名字最初或许只是形容词，意为白的、明亮的、棕色的，[①] 但是它们各自根据不同的颜色和品性，很快变成属于神的特定动物的名称。因而我们在《梨俱吠陀》卷 2 第 10 章第 2 节看到："灿烂辉煌的阿耆尼，无论是两匹黑马，还是两匹棕马，还是两匹白马拉着你的车，你都会听到我的祈祷。"在《梨俱吠陀》卷 7 第 42 章第 2 节我们还看到："驾驭着哈利塔、黑马或棕马，它们都在你的马厩中。"

正如 árvat 用来指马一样，árushî 也用来指奶牛。举例来说，在卷 8 第 55 章第 3 节处有个诗人说他得到 400 头奶牛（árushînâm kátuh satám）。这些发光的奶牛是专属于黎明的，因而在《吠陀》中，古代诗人不说"天破晓了"，而说"发光的奶牛回来了"（*Rv.* i. 92, 1）。我们曾说哈利塔有时被指说成七姐妹，现在我们发现 A'rushîs（原本是发光的奶牛）也经历了同样

---

① 第二天清晨，美丽的阳光在空气中发出白、红、黄的颜色。——《阿里奥斯托》（*Ariosto*），卷 23，第 52 行。

那是红白色的，我所处的地方，美丽的光到处都是。——但丁（Dante），《炼狱篇》（*Purgatorio*），卷 2，第 7 行）。

的演变过程。《梨俱吠陀》卷 10 第 55 章："七姐妹的 A'rushîs 看到了太阳"；卷 10 第 8 章第 3 节："当太阳升起时，A'rushîs 在水中清新了她们的身体"。对梵语学者来说，几乎用不着说就知道 árushî 实际上是 arvâ 或 arvân 的阴性形式，虽然还有其他的阴性形式如 árvatî。但由 vidvâ'n（认识、看到）构成其阴性形式 vidúshî（kikitvā'n、kikitúshî），可推知 árvâ (n) 构成 árushî，这种转变方式充分解释了希腊语过去分词的阴性构成。这可用下列等式说明：vidva'n：vidúshî＝εἰδός：εἰδυῖα。就我们的目的来讲，arvâ 变成 árushî 的转换是非常重要的环节，因为它把一束新光照在来自 arvat（太阳）的另一词汇的起源上——arushá（阳性），在《吠陀》里它是太阳最常用的描述词或称号。arushá（所有格是 àsya）遵循词尾变化的规则，它的构成像 διάκτορος、ου，而不像 διάκτωρ、ορος；像拉丁语的 vasum、i，而不像 vas、vasis；像中世纪印度中北部的 karanteshu 而不像 karatsu；像现代希腊语的 ἡ νύκτα 而不像 ἡνύξ。梵文学者也很容易理解下列等式：árvâ（迅跑）：árus：arushá＝párva（打结）：párus：parushá。arushá 在《吠陀》里的用法[1]，正如我们所期望的那样，使我们接近了希腊语 Eros，因为它经常在明亮的意义上使用。《梨俱吠陀》卷 7 第 75 章第 6 节："看到发光的有斑点的马，它们给我们带来灿烂的黎明。"这些因陀罗、阿耆尼、众神之师的马[2]，像风一样快，像太阳一样光明，它们打击母牛和黑夜的乳房，人们称之为 arushá，破晓之际燃烧的太阳冒出缕缕硝烟，太阳用以爬上天穹的四肢，因陀罗抛出的霹雳，白天黑夜都可见到的火光，所有这　切也都叫作 arushá。"他使天地充满光明，他在蓝天行走

---

① 关于这个词的更详尽的讨论，可参见麦克斯·缪勒（M. Müller），《梨俱吠陀》（*Rig-Veda-Sanhita*），卷 1，第 6—15 页。但他的理论没有被人们接受。Eros 看来最初有猛烈之意，而后又有热切向往之意，因为从词根 ar 可引出 run（奔跑）和 ruch（猛冲），由此还可引出吠陀梵语 arvat（跑者），进而再引申出马和太阳之意。参见柯尔提乌斯的著作，卷 1，第 139 页。——编者

② Arusha（阿鲁莎）一词与 d'Aruna（太阳之心）、d'Arus（太阳）近似，在《赞德》中出现过 d'Aurusha（奥鲁萨）这样的形式，指恩奎蒂（Anquetil）创造的一种鸟，叫埃奥洛什（Eorosh），这只鸟拉着塞洛什（Serosh）的战车。参见贝尔努夫（Burnouf），《薄伽梵往世书》（*Bhag. Pur*），第 79 章。

印度河文明史前女神塑像，叶舒宪 2003 年摄于法国吉美博物馆

时偶尔遇到黑暗，他在夜的黑母牛群中出现”，这个“他”也叫作 arushá 或 arushó vríshâ（放光彩的公牛）。

恰恰是这个 arusha，如同在希腊神话里一样，在《吠陀》里被描绘成一个孩子。《梨俱吠陀》卷 3 第 1 章第 4 节：“七姐妹一直看护着他，这欢乐的、白色的，自他诞生之际就获得伟大力量的，他就是 Arusha；像马儿帮助小马驹降生一样，众神在太阳诞生后也都来养育扶助他。”在《吠陀》里，Arusha 总是年轻的太阳；太阳驱走茫茫黑夜，用自己的第一道光芒唤醒世界。《梨俱吠陀》卷 7 第 7 章第 1 节：“黑夜从她姐妹黎明身边离开了，黑夜去为太阳开辟道路”。

尽管太阳的某些名字，无意中提示了他的动物特性，但很快就采取了纯粹人类的形式。他被叫作尼卡莎斯（Nrikakshâs）（iii. 15, 3），“有着人一般的暗眼”，甚至它的翅膀也开始萌生，格林[1] 曾高兴地研究这一点，在《吠陀》卷 5 第 47 章第 3 节处曾称他为“具有美丽翅膀的明亮太阳”。[2]

“人称厄洛斯是带翼的天神，人称他是普特罗斯，因为他生来带翼。”

正像厄洛斯是宙斯的孩子一样，阿鲁莎（Arusha）也被说成是特尤斯的孩子（Diváh sísus）。《梨俱吠陀》卷 7 第 15 章第 6 节：“他们每天都清洗和装扮他，阿耆尼，像马一样跑其路程，像特尤斯的儿子阿鲁莎，即明亮的太阳一样。”《梨俱吠陀》卷 6 第 49 章第 2 节：“让我们崇拜天之骄子阿耆尼，以及力量的儿子阿鲁莎，他是献祭的明亮之光。”

这个孩了是众神的头生子，因为来自“即将破晓之际”（v. 1, 5）和“黎明开始之时”（x. 45, 5）。但在一个段落里，说他有两个女儿，她们有不同的容貌，一个布满繁星，另一个阳光灿烂，这就是黑夜与白天，而在其他地

---

① 参见雅各布·格林（Jacob Grimm），《论爱神》（*Essay on the God of Love*）。

② 把日轮和张开的翅膀相比较，这一种象征非常广泛地流传在古人当中，《旧约·玛拉基书》第 4 章第 2 节提到太阳的翅膀，吠陀梵语中也有“带翅膀的头”（《梨俱吠陀》，卷 3）。——编者

方则说她们是太阳的女儿。在词义上和希腊语爱神一词完全相同的 Arusha，不仅在别处没有，而且在《吠陀》里，也没有因把爱这种情感归于任何人名下而被奉为神圣。伽摩（Kâma）虽是梵语中较晚期的爱神，但在《吠陀》里却从未以个人或神圣的属性出现，只有卷 10 例外，那里有一段把爱说成是创造的能力，而没有描述成独立的存在。但在《吠陀》里有另一段落，明明白白地用伽摩（爱）指称升起的太阳。整个诗句（ii. 38, 6）是对太阳讲的。

> 他像巨大的火焰腾空而起——他伸出他宽广的臂膀——他甚至像一阵风。当他勒住他的马时，所有一切活动都停止了，黑夜便循着他的足迹而来。但是在她还没有走完一半时，太阳再次升起。然后，阿耆尼走遍千家万户；他的光是强劲的，他的母亲黎明送给他最美好的享受——享受人间最重要的崇拜。后来，诗人又说：他迈着大步回来了，渴望获胜，所有人间的爱也来临了。不断前行，放弃（黑夜）只做一半的工作；他遵循着上天沙维特力的旨意。

"所有人间的爱"也许意指他被所有人爱，或许指他满足所有人的愿望，然而我并不认为是偶然性使人们用伽摩（爱）指称升起的太阳。

黎明的爱根本不是来自爱神的太阳品性，在较晚的《往世书》的传说里，黎明的爱甚至已被人们忘记了。因为我们发现有个名字被送给了伽摩的儿子阿那律（无法抵挡的），这个名字就是 Ushâpati，这本是黎明的尊称。

如果我们把《吠陀》里聚集在 Arvat 和 Arusha 这两个名字周围的所有观念和描述，清清楚楚地摆在眼前，那最初看来非常矛盾的有关厄洛斯的各种神话就变得完全可以理解了。在赫西俄德的神谱中，他是位最古老的神，他降生之际只有混沌和大地。这里我们提及一下，"阿鲁莎生于所有时间的开

144

始"。然而他又是位最年轻的神,他是宙斯的儿子,他是美惠女神的朋友,还是美惠三神之首、阿佛洛狄忒的儿子。在这些说法中,我们很难发现一位女性的厄洛斯——是 Ushâ 而不是 Agni aushasya。这些神话各自都可在《吠陀》里找到自己的钥匙。在《吠陀》里,他"是个孩子,是特尤斯的儿子;他驾驭着哈利塔,他如果不是黎明的儿子,[①] 至少也是她的爱人"。除此之外,希腊神话中的厄洛斯还有许多父亲和母亲,由萨福赋予他的一对双亲(天和地),与他的吠陀梵语中的双亲(特尤斯和伊达)是一致的。然而印度不是希腊,尽管我们可以追溯希腊语汇和观念的种子和根茎直到印度的肥沃土壤,但是雅利安语的、诗歌与神话的丰满之花,是在希腊盛开的。在希腊,柏拉图告诉我们厄洛斯是什么,索福克勒斯的剧中唱道:"啊,爱,我们与之作战空劳无益,爱啊,你使你的受骗者越陷越深,而你却整夜安睡在处女的柔嫩脸颊旁。你漫游到海的彼岸,有时又居家在乡间的小房子里;无论哪个神之不朽的种族,也不论短命的人类,没有一个曾从你的手心逃脱;无论谁一旦被你抓住,立刻就变得着迷、疯狂。"[②]

如果黑格尔曾把希腊语和梵语共同起源的发现,称作发现一个新世界,那么对于希腊神话和梵文神话间共同起源的发现,也具有同等的意义。这个发现一旦成功,比较神话学就会像比较语言学一样,迅速显示出它的重要意义。本书仅仅只解释了几个神话,它们只属于一个非常小的范围,还可以再补充许多名称加以分析。我们所讲的,只能为那些对《比较语言学杂志》的语言地质学感兴趣的读者提供参考。这个杂志是我的博学的朋友库恩在柏林

---

① 参见推罗的马克西莫斯(Maxim),《专论集》(*Try.*),第 24 章;还可参见皮尔勒(Preller),《希腊神话学》(*Greak Mythology*),第 238 页。

② 一个十分奇特的与此相似的段落出现在斯蒂尔(Steele)的《爱人》(*The Lover*)里:"在所有的热情中,人类的脆弱和软弱都隶属于爱,世界上最广阔最专横的帝国,也不像他这样统治了全世界……他征服了最有雄心大志的专制暴君的高贵思想,他融化了最自信的性情,使英雄气短,变得温柔。这种力量使赫丘利在女人的脚旁放下手中的棍棒。学者、政治家和战士都是爱的追求者,就连最无知的乡下青年,也不顾他的羊群和笛子,而去向达佛涅和绪尔维娅求爱。"(1714 年,第 25 篇)——编者

出版的，在他的杂志上，非常愿意接受比较神话学，并把它作为比较语言学的必要组成部分。库恩博士本人也发现了《吠陀》和其他雅利安民族神话的名称之间的相似性。比如"马头牛身兽、狮头羊身兽、蛇发女妖和飞马以及其他怪物"的比较，就是非常正确的。尽管在许多方面我不同意库恩的观点，尤其他和劳尔（已故的《希腊神话学体系》的作者）一样，认为神的基本特征是和云、雨、雷、电等短暂现象非常独特地联系在一起，而我则相信，它们的原初概念总是太阳。尽管双方有很多可以相互学习的地方，但我不能同意他们的结论。当然，无疑有许多工作尚待去做，甚至就有助于《吠陀》的研究来讲，对整个希腊神话的释读和翻译也远远不够。然而仅此可以形成一门科学研究的对象吗？有许多希腊词汇即使借助于梵语，也不能找到令人满意的语源，但由此我们就断言整个希腊语没有语源学的组织结构吗？如果我们在一小部分希腊词汇构成中找到一种合理的原则，那我们有理由推测，这部分表现出来的原则同样支配着语言整体的内在发展。尽管我们不能解释所有词汇的语源出处，但我们绝不应说没有语源的出处，或说语源学"面对一个从未出现过的过去"。我完全承认，较晚的希腊人，如荷马和赫西俄德，已经不知道他们的故事的原则，他们同样不知道其语词的真正起因。对语源学所说的这一切，对神话学具有同样的作用。在语言学中没有无规则，这已被比较语言学证明了，以前我们曾认为在词尾变化和动词变化中无规则的东西，现在却被看作最有规则，有最基本的构成语法。我希望，同样的结局也会在神话学中出现，不再像以前那样，只是追溯它"由于人天性怯懦和语言贫乏"，而是获得较确定的解答"由于人天性聪颖和语言丰富"。神话，只是一种方言，是语言的古代形式。神话尽管主要是和自然相联系，其次和那些显示规律、法则、力量以及智慧特征的证明（神迹）联系在一起，但神话对所有一切都是适用的。没有一件事物能排除在神话的表达之外，道德、哲学以及历史、宗教无一能够逃脱神话这位古老女巫的咒语，但是神话既非哲学、历史，也不是宗教、伦理。假如我们非用一个学术的表达来说明它，那它则是关于"怎样"而非"什么"的事，它还有点像诗歌、雕刻和绘画，几乎适于古代世界所赞美或崇拜的一切。